Boost de confiance

Reprends les rênes de ta vie

Déborah Goudissard

Déborah Goudissard
33 rue des Processions
91240 Saint Michel Sur Orge

© 2024 Déborah Goudissard
Édition : BoD • Books on Demand GmbH, In de Tarpen 42,
22848 Norderstedt (Allemagne)
Impression : Libri Plureos GmbH, Friedensallee 273,
22763 Hamburg (Allemagne)
ISBN : 978-2-3224965-3-2
Dépôt légal : Septembre 2024

Tous droits réservés
Autoédition

En application de la loi du 11 mars 1957, il est interdit de reproduire intégralement ou partiellement le présent ouvrage, sur quelque support que ce soit, sans autorisation de l'éditeur.

Sommaire

Préambule 7
   Pourquoi lire ce livre ? 7
   Qui peut lire ce livre ? 9
   Comment lire ce livre ? 10
Caroline Dinime : Dans l'ombre des autres 13
   La visualisation 19
   L'écriture quotidienne de ses fiertés 21
   L'apprentissage de soi ET le plaisir d'exister aussi pour les autres 23
Aurélie Automne : Le mode taureau 27
   Le journaling 35
   L'acceptation de soi 37
   La Communication Non Violente 40
Emeline Bazile : Son coté caméléon 43
   La gestion des émotions 51
   La connaissance de soi 54
   L'art de raconter des histoires 58
Jasmine Chinez : Trop c'est trop 61
   L'organisation et la gestion du temps 68
   La pose des objectifs 73
   L'auto-validation 77
Manon Chaouche : La peur des entretiens 81
   L'ancrage dans l'instant 90
   La prise de décisions 93
   La gestion de ses peurs 97
Devenir confiant implique 5 révélations 105
   La confiance en soi peut te mener à la réussite 108

- Ne compte pas que sur ta motivation ... 112
- Tu es responsable de ta vie ... 116
- Tu n'as pas besoin de choisir entre toi et tes proches ... 117
- Les émotions sont un outil puissant à utiliser ... 121

A toi de jouer ... 125
- Etape 1 : L'écoute et la connaissance de soi ... 129
  - Tu es prêt à remplir des cases ? ... 129
  - Fais quand même attention aux raccourcis ... 135
- Etape 2 : L'estime et la confiance en soi, avec ancrage ... 140
  - Et si tu commençais par aimer ton physique ? ... 142
  - Tu veux que ce changement puisse durer ? ... 144
  - Je vais te parler de l'astuce la plus fiable : le passage à l'action ! ... 150
  - Tu peux aussi passer de la comparaison à l'inspiration ... 152
  - Et si tu mettais ton côté perfectionniste de côté ? ... 155
- Etape 3 : La communication ... 158
  - Tout est dans ta posture ... 158
  - L'intelligence émotionnelle, tu connais ? ... 160
  - Tu peux changer mais tu ne peux pas changer les autres ... 162
- Il est grand temps de te féliciter ! ... 164

Remerciements ... 165

Préambule

Pourquoi lire ce livre ?

« Une opportunité, ça se saisit vite ou ça ne se saisit pas »[1]
de Serge Uzzan

Ce livre, c'est une opportunité pour toi de décider de la façon dont tu veux vivre ta vie à l'avenir. Tu pourras ainsi choisir de t'inspirer des histoires incroyables des femmes décrites ici, pour décider de si tu veux finalement faire bouger les choses pour toi.

Ces femmes sont des femmes avec un quotidien qui ressemble à la plupart des quotidiens. L'unique différence, c'est qu'un jour, elles ont pris la décision de gagner en confiance en elles pour se créer la vie qu'elles méritaient, en fonction de ce qu'elles voulaient pour elles.

La confiance en soi est un pilier dans la réalisation de nos projets et dans notre épanouissement. Le truc, c'est qu'elle s'appuie souvent sur nos croyances, c'est-à-dire sur le fait de croire ou non que les choses qu'on rêverait de voir s'accomplir, sont possibles.

Les histoires de ces femmes, qui te parleront peut-être en fonction de ce que tu vis toi-même aujourd'hui, vont venir te prouver que oui, ce que tu veux entreprendre est

---

[1] Citation attribué à Serge Uzzan, publicitaire.

possible. Elles vont te prouver que croire en toi, en tes capacités, en tes atouts… C'est non seulement possible, mais clairement accessible. Elles vont te prouver que tu peux tout à fait apprendre à t'accepter tel que tu es, mais aussi à t'aimer, à prendre la parole, à t'affirmer, à t'épanouir…

Même maintenant. Même après toutes ces années à vivre autrement.

Qui peut lire ce livre ?

« Le monde est un livre ouvert. Autour de nous, en nous, il nous présente ses messages, les infinies variations de sa beauté, et ses certitudes. Chacun peut y lire directement ce qui lui est offert, et offert à tous »[2]
René Barjavel

Tu l'as compris, ce livre s'appuie sur l'exemple de 5 femmes. Ce sont d'ailleurs ces 5 femmes que tu peux retrouver sur la couverture. Mais soyons clair, cela ne signifie en aucun cas dire que ce livre est réservé aux femmes.

Le sujet de la confiance en soi est une thématique qui peut tous nous toucher, dans un contexte ou dans un autre, à un âge ou à un autre, et ce, quel que soit notre sexe.

C'est d'ailleurs la raison pour laquelle quand je m'adresse à toi ici, je parle au masculin. Les femmes comme les hommes pourront ainsi se retrouver dans ces écrits.

Toi y compris.

---

[2] Citation de René Barjavel (1911-1985), écrivain français, dans *Demain le paradis,* paru en 1986.

Comment lire ce livre ?

« L'action est la première étape pour passer du rêve à la réalité »[3]
John C. Maxwell

Les histoires de ces femmes sont surtout là pour te montrer que devenir confiant, quel que soit la vie que tu as menée jusqu'ici, est totalement possible. Les exercices qui suivent chaque histoire, quant à eux, te disent à chaque fois comment faire. Le reste ne dépend bien sûr que de toi.

Suite à ça, et en plus de tous les exercices présentés, j'ai même choisi de te donner encore plus d'astuces, dans les derniers chapitres, pour te permettre un changement profond, qui durera plus longtemps !

Ce livre, c'est tout simplement un guide pour te permettre de prendre les rênes de ta vie. C'est un plan de route que tu peux suivre pour te diriger vers la confiance en toi que tu mérites de vivre et de ressentir pour le reste de ta vie.

Pour cela, tu peux choisir de lire cet ouvrage de 2 façons :

Soit tu recherches le passage à l'action le plus rapide, auquel cas tu peux décider de passer l'histoire de chacune de ces femmes pour faire directement les exercices qui suivent. Ainsi, tu pourras tester et constater dès maintenant la manière dont ça impactera ton quotidien.

---

[3] Citation attribuée à John C. Maxwell, conférencier et pasteur.

Préambule

Soit tu choisis de découvrir une à une les histoires de ces femmes pour te rendre compte de ce que les exercices expliqués ont eu comme effet dans leur quotidien. Cette méthode de lecture pourra te donner ainsi un bel exemple de ce que ces mêmes exercices pourront faire comme changements dans ton quotidien à toi, en fonction de ce qu'elles ont vécu elles.

Quel que soit le choix pour lequel tu opteras, si tu veux que les choses puissent changer pour toi dans ta vie et si tu veux booster ta confiance en toi, je te conseille vivement de mettre en pratique directement les exercices que je te propose après chaque histoire. En particulier les exercices qui suivent les histoires qui t'auront particulièrement impactées, parce que tu te retrouvais en elles.

Tu es prêt à te voir et à voir le monde qui t'entoure complètement autrement ? À te diriger vers tes objectifs sereinement, et en ayant confiance en toi ?

Alors on démarre avec une première histoire, celle de Caroline.

Caroline Dinime : Dans l'ombre des autres

« Chacun doit trouver son rêve. Alors son chemin devient facile »[4]
Hermann Hesse

Caroline, 24 ans, étudiante

Caroline était perdue, elle ne savait plus du tout ce qu'elle voulait. Elle avait passé sa vie à suivre le chemin de sa cousine, alors que celui-ci ne lui correspondait pas du tout.

Elle a suivi des études qui ne lui plaisaient pas, a joué d'un instrument qu'elle adore, mais qu'elle avait choisi pour faire comme sa cousine et qu'elle pensait maitriser moins bien qu'elle. Mais surtout, elle vivait mal certains moments en famille où sa cousine était présente, ayant sans arrêt l'impression qu'elle était la préférée, la plus douée, la plus intelligente, la plus…

Elle se sentait nulle !

Elle avait intégré un nouveau travail, son premier, grâce à un ami de sa famille qui l'avait recrutée dans le cadre de son alternance. Caroline avait été choisie parce qu'il la connaissait. Au lieu de reconnaitre le fait qu'il avait fait ce choix pour lui, parce qu'il était convaincu qu'elle pourrait lui apporter énormément, elle se disait qu'il l'avait fait

---

[4] Citation attribuée à Hermann Karl Hesse, romancier.

pour elle, pour lui faire plaisir, et qu'elle devait lui en être reconnaissante.

Quand je lui ai demandé ce qu'elle voudrait être capable de faire une fois confiante, elle m'a dit qu'elle espérait être capable de trouver sa voie, sa propre voie. Elle voulait aussi quitter son travail actuel pour se tourner vers quelque chose qui lui plairait vraiment.

Quand je l'ai invitée à se projeter dans sa vision idéale, elle s'est vue, à un cocktail professionnel, en robe de soirée, souriante, sûre d'elle, sachant où elle voulait aller.

Nous avons beaucoup travaillé pour en arriver à rendre cette projection réelle. Caroline a énormément appris sur elle et a arrêté de se comparer. Elle a gagné en assurance et a appris à dire ce qu'elle voulait ou ne voulait pas, au travail comme dans sa vie personnelle.

Elle a également pris le temps d'échanger plus profondément avec sa famille. Elle a ainsi pu faire disparaitre tous ses doutes, toutes ses croyances[5], qu'elle avait sur elle et sur les sentiments qu'ils avaient ou n'avaient pas à son égard et envers sa cousine.

Elle a appris à vivre pleinement les moments qui s'offraient à elle. Je me souviens de ses mots, à son retour d'un weekend en famille, quand elle m'a dit, avec un

---

[5] Une croyance : Une croyance peut être définie comme le fait de croire qu'une chose ou une affirmation est vraie ou possible. Nous avons tendance à chercher à tout prix à valider nos croyances, pour nous rassurer, ce qui fait que nos actions transforment généralement nos croyances en réalité. Nos croyances peuvent être aidantes, en nous poussant vers le haut, ou limitantes, en nous freinant au quotidien.

sourire radieux "« Je ne me suis pas comparée à ma cousine ! » Elle était si heureuse. Elle a vu sa cousine faire plein de choses de son côté, mais a préféré saisir le moment présent en profitant avec ses proches, plutôt que de se comparer et de chercher à faire comme elle. Elle ne s'était pas dévalorisée.
Elle avait passé un merveilleux moment.

Le coaching de Caroline ne faisait qu'évoluer positivement.

Pourtant, elle ne quittait toujours pas son travail, alors que c'était l'un de ses objectifs initiaux. Bien sûr, on pourrait penser qu'elle avait simplement changé d'avis. Après tout, elle était maintenant capable d'apprécier davantage son quotidien professionnel et de mieux communiquer avec son chef pour faire évoluer ses missions dans un sens qui lui convenait plus. Mais ce n'était pas le cas. Elle voulait toujours partir, sans pour autant faire ce dernier pas.

C'est alors que l'accompagnement de Caroline, qui se passait si bien, a failli prendre un autre tournant, quant à la sixième séance, j'apprends qu'elle va devoir se rendre à un évènement professionnel pour l'animer. Je comprends qu'à la fin de l'évènement, au bout de trois jours, il va y avoir un cocktail et que Caroline veut vérifier si elle peut vivre le fameux moment qu'elle m'avait décrit au début de notre coaching.

C'est encore un peu tôt, mais nous faisons tout ce qu'il faut pour l'y préparer. Je l'aide à visualiser, à se projeter, à réfléchir à ce qu'elle pourra mettre en action pendant l'évènement et à ce cocktail, pour en arriver à ce moment tant imaginé. Elle part sereine.

L'évènement arrive et elle assure. Elle réussit à faire tout ce que nous avions prévu ensemble et elle en fait même bien plus que prévu d'ailleurs.

Par contre… Elle oublie de noter ses fiertés quotidiennes, alors que c'était un exercice que nous avions convenu qu'elle ferait. Elle prend le temps de les remarquer, mais se contente de les dire dans sa tête. En faisant cela, elle prend le risque qu'un raté prenne tout de suite le dessus sur son moral, sans fiertés écrites sur lesquelles s'appuyer pour venir contrebalancer les émotions plus difficiles.

Cela n'aurait pas été un problème si tout s'était déroulé comme prévu, mais au moment du gala, un élément inattendu, inacceptable et profondément décevant est arrivé. Un élément qui est venu d'une personne extérieure, qu'elle ne pouvait donc pas maitriser de son côté. En effet, un responsable a pris la parole pour remercier tous les participants à l'évènement, et le voilà qui oublie Caroline.

Elle qui avait brillé, qui s'était dépassée, qui avait véritablement assuré, elle s'est tout à coup sentie comme une ratée ! Malgré tous les avis positifs de ses collègues, des clients, et même de son chef, elle avait vécu ça comme une humiliation.

Elle n'avait aucune fierté à relire pour se prouver le contraire, son cerveau s'est donc appuyé sur le peu de choses qu'il avait sous la main, la non-validation de ce responsable ! Tout le reste était oublié, comme si tous ses efforts avaient été vains, comme si c'était fichu, comme si elle n'était bonne à rien et qu'elle ne pourrait plus jamais y arriver…

Cet évènement a bien failli mettre sa motivation à mal. Il a fallu quelques jours pour accuser le coup, plusieurs discussions, une bonne session d'auto-coaching sur ses besoins à elle, divers échanges et de profondes réflexions pour se remettre à faire ses exercices sans lâcher… Ça n'a pas été agréable, ça a même été un vrai moment difficile pour elle, un sacré coup dur, qui l'a poussée à tout remettre en question… Pendant quatre jours !

Mais elle s'est tout à coup réveillée ! Elle s'est rappelée que c'était à elle de décider. Elle s'est également souvenue de toutes les clefs dont elle disposait maintenant pour reprendre les rênes et arrêter de subir ce que les autres pouvaient faire, de bien ou de mal. Elle a relu ses précédentes fiertés, elle a appelé ses proches, elle a échangé avec sa coach… Elle a fait le point sur ce qu'elle voulait, elle.

Elle savait comment faire !

Elle savait aussi comment faire part de sa déception à ce responsable, pour ne pas laisser cette expérience en suspens. Ce qu'elle a fait sans hésitation.

Elle avait confiance en sa capacité à gérer.

Caroline avait décidé que ça y est, c'en était trop, elle allait quitter ce job. Cette histoire avait été l'élément déclencheur d'une décision qu'elle voulait prendre depuis longtemps.

Certains collègues lui ont dit qu'ils seraient tristes de son départ, d'autres lui ont promis une amélioration si elle restait… Mais c'était désormais à elle de décider. Elle savait qu'à partir d'aujourd'hui, c'était elle l'actrice de son destin, pas les autres. Que c'était à elle de choisir, et qu'il n'était plus question de subir. Elle a fait le choix de partir. Elle s'est servie de tous ses atouts qu'elle avait récemment appris à reconnaitre et a rapidement trouvé une nouvelle opportunité qui la méritait davantage. Elle s'est donnée une véritable chance d'exister, d'apprécier pleinement sa vie et de la vivre à sa manière.

Cet évènement aurait pu être celui qui aurait mis un terme à tous ses efforts, mais ce n'est pas comme ça que ça se passe quand on travaille en profondeur sur soi.

Elle avait toutes les clefs en mains, et elle avait une telle confiance, volonté et force…

Cet évènement qui aurait pu tout remettre en question est finalement celui qui lui a prouvé qu'à partir de maintenant, elle pourrait absolument TOUT gérer.

Pour y arriver, on s'est appuyé sur trois exercices principaux :

1. La visualisation
2. L'écriture de ses fiertés chaque jour
3. L'apprentissage de soi et le plaisir d'exister aussi pour les autres

Et je compte bien tout t'expliquer dès maintenant !

La visualisation

« Imaginer, c'est hausser le réel d'un ton »[6]
Gaston Bachelard

Cet exercice demande de la concentration et un peu d'imagination.

Pour bien le réaliser, je te suggère de fermer les yeux et d'imaginer ton moment idéal. Celui que tu vises. Une promotion ? OK, imagine que tu l'as obtenue, que tu es à ce poste, que tu fais ce travail… Une amitié avec une personne ? OK, imagine-toi avec elle, ce que vous faites, comment tu te sens…

L'idée, c'est de permettre à ton cerveau de rendre ce moment imaginaire complètement réel à ses yeux.

Notre cerveau a beau être une machine ultra-performante, il a tout de même certaines failles. L'une d'entre elles, c'est qu'il ne sait pas toujours faire la différence entre le vécu et l'imaginaire. Alors moi, je te propose de te servir de cette faille pour rassurer ton cerveau, en lui faisant croire que l'évènement que tu souhaites voir arriver est déjà arrivé. Il aura ainsi beaucoup moins peur de t'y amener, si ce n'est plus l'inconnu pour lui.

Ça deviendra alors possible.

Bien sûr, pour que ça fonctionne, tu devras imaginer un maximum de détails, et y croire pendant toute la durée de

---

[6] Citation de Gaston Bachelard (1884-1962), philosophe et épistémologue français, dans *l'Air et les songes* (paru en 1943).

ce moment. Tu devras faire en sorte de ressentir les émotions que tu veux ressentir et d'imaginer chaque détail qui t'entoure. Quelle est la couleur des murs, ta tenue, ta posture, ton attitude… Est-ce que tu souris ? Est-ce que tu ris ? Est-ce que tu es seule ou entourée ? Est-ce que les autres sourient aussi ? Comment te regardent-ils ? Comment te sens-tu ? Y a-t-il des objets autour de toi ou une odeur particulière ? Tu dois imaginer le plus de détails possibles pour que ton cerveau soit convaincu que ça a vraiment eu lieu. Évidemment, après ces trois minutes de visualisation, tu auras bien conscience que c'était imaginé. Mais ayant pu ressentir, voir, vivre tout ça, même dans ta tête, tu l'auras rendu possible. Ton cerveau, tes actions, ton environnement, ton inconscient… Tous t'y amèneront beaucoup plus facilement que si c'était l'inconnu pour toi.

À toi de jouer

Je prends le temps de visualiser la situation que j'ai envie de vivre :

Qu'est-ce que j'ai envie de vivre ?	Quel est le contexte exact ?	Comment je me sens en vivant ce moment ?

L'écriture quotidienne de ses fiertés

« La vie est composée pour 10% par ce qu'il vous arrive et 90% par comment vous y réagissez »[7]
Charles Swindoll

Pour cet exercice, tu auras besoin d'un cahier et d'un stylo.

L'idée, ça va être d'y noter tous les jours ce que tu as fait, dit, ressenti, vécu, qui peut te rendre fier. Tu n'es pas obligé de vivre une chose incroyable pour cela, tu peux tout simplement avoir réussi à te lever à l'heure, ou même avoir réussi à profiter d'un moment avec tes enfants, tu peux aussi avoir simplement coché une case de ta to-do list, ou ne pas avoir culpabilisé après avoir dit non à quelqu'un…

Tout mérite d'y être noté si tu te sens fier ou même peut-être simplement satisfait après l'avoir vécu. Tu dois pouvoir y noter au minimum trois choses par jour. Crois-moi, il y en a toujours au moins trois.

Ensuite, quand tu en auras pris l'habitude, tu pourras même ajouter de la couleur, des formes, des dessins… Tu pourras faire ressortir celles qui t'ont fait vivre le plus d'émotions, par exemple. Tout ça va te faire du bien au moment où tu vas l'écrire, te permettant de prendre conscience de l'émotion ressentie à ce moment là, de la vivre pleinement, et de l'ancrer complètement dans tes souvenirs.

---

[7] Citation de Charles R. Swindoll, pasteur et auteur américain, dans *Strengthening Your Grip : Essentials in an Aimless World* (paru en 1982).

BOOST DE CONFIANCE

Sans oublier que cela te rendra aussi heureux quand tu les reliras, te replongeant alors dans cette fameuse émotion. D'où l'idée de mettre celles qui t'ont le plus impacté en avant d'ailleurs.

Tu connais l'histoire de la madeleine de Proust ? Ce moment où, grâce à une odeur, un geste, un objet ou autre chose, tout à coup ton cerveau te rappelle un souvenir d'enfance heureux, alors que tu ne cherchais même pas à t'en souvenir ? Cela t'amène à un moment de nostalgie, puisque tu ressens de nouveau l'émotion ressentie plus tôt. C'est exactement la même idée que je cherche à te faire vivre en écrivant ces fiertés. Relire les mots écrits, à ta façon, va t'aider à revivre les moments de fierté vécus au moment où tu en auras le plus besoin.

À toi de jouer

Je prends le temps de citer trois choses qui m'ont rendu fier de moi ou satisfait dans la journée d'hier :

1. _____
2. _____
3. _____

L'apprentissage de soi ET le plaisir d'exister aussi pour les autres

« Prendre du temps pour soi, c'est s'ouvrir à un bonheur qu'on finira par partager »[8]
Christopher Plaquet

On se dit souvent qu'on est moins important que les autres. Et cette pensée peut nous amener si facilement à suivre les autres dans leurs décisions et leurs directions, qu'on risque d'oublier ce qu'on aurait voulu, nous. On peut ainsi se sentir complètement perdu sur cet aspect-là.

C'est pourquoi on devrait toujours apprendre à faire certaines choses en étant entouré des autres, et accepter aussi d'en faire sans les autres.

Juste pour se retrouver seul avec soi, pour voir ce qu'on aime faire, ce qu'on veut faire, ce sur quoi on se questionne... Et qui sait, pourquoi pas aussi pour multiplier les rencontres en privilégiant celles qui seront entièrement alignées avec nous ?

Si ce n'est pas quelque chose que tu as l'habitude de faire, je te propose de choisir un ou deux moments dans la semaine à venir, pendant lesquels tu vas t'accorder un moment seul : une balade, du shopping, un bain prolongé, de la lecture dans un café.... Ce que tu veux, tant que tu y vas seul. Et tu laisses bien sûr ce moment t'emporter, tu te

---

[8] Citation attribuée à Christopher Plaquet, sophrologue en hypersensibilité émotionnelle.

laisses embarquer par les opportunités qui te donnent envie de les saisir ou de les suivre.

Tu vas découvrir un paquet d'émotions crois-moi…. Tu pourrais même envisager de les écrire un peu, pour comprendre un peu mieux qui tu es et ce que tu aimes ?

Tu es prêt à te lancer ?

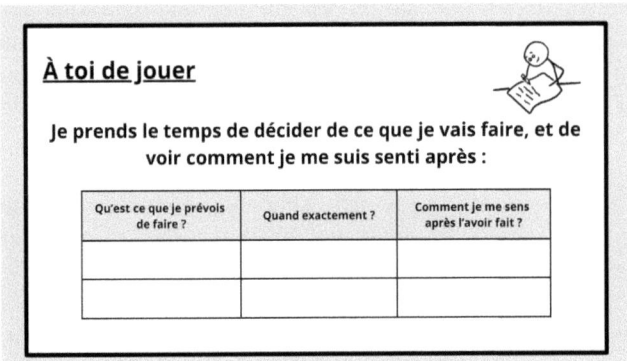

Il y a autre chose qu'on a parfois tendance à se dire, c'est qu'on est moins intéressant que les autres, et donc que nos histoires ne valent pas le coup d'être racontées.

Si c'est ton cas, je t'encourage vivement à changer cette croyance qui t'empêche simplement de créer des liens solides avec tes proches. Pour cela, je vais te proposer un autre exercice, celui de parler de toi. Tous les jours, à une personne au moins, différente ou non, c'est à toi de voir. Tu devras les appeler, leur écrire, aller les voir pour bavarder avec eux. Et à un moment, tu devras parler de toi. D'un truc vécu, ressenti, ou même uniquement rêvé. D'une valeur que tu défends, d'une idée que tu as eue, d'une situation à laquelle tu penses, c'est à toi de décider ce que tu auras envie de partager. Tu devras prendre le temps de t'accorder assez d'importance pour penser que ton histoire mérite d'être racontée. Que tu mérites d'être le personnage principal de ce que tu vas choisir de raconter.

Grâce à cet exercice, tu constateras une chose très importante, qui est que ton histoire intéresse ton entourage. Il n'en sera que plus heureux d'en apprendre enfin davantage sur toi.

Et tu te sentiras bien, important, satisfait et soulagé de savoir que tu existes pleinement pour tes proches.

Pour les débuts, n'hésite pas à en garder un suivi pour t'assurer que tu le fais mais aussi pour garder une trace de tes ressentis :

À toi de jouer

Je prends le temps de garder une trace de tous ces moments de partage :

Jour de la semaine	A qui je l'ai raconté ?	De quoi ais-je parlé ?	Comment je me suis senti après ça?
Lundi			
Mardi			
Mercredi			
Jeudi			
Vendredi			
Samedi			
Dimanche			

Aurélie Automne : Le mode taureau

« La colère est comme une avalanche qui se brise sur ce qu'elle brise »[9]
Sénèque

Aurélie, 38 ans, entrepreneure

Aurélie avait beaucoup de mal à accepter sa colère.
Le fait est qu'elle était très en colère et qu'elle avait de nombreuses raisons de l'être. Elle n'avait pas eu une enfance très tendre, avec des parents qui l'ont rejetée de nombreuses fois. Malheureusement, son passage à l'âge adulte n'a pas été spécialement plus facile.

Après ça, elle a rencontré des hommes toxiques, qui lui ont fait beaucoup de mal et qui ont continué à affecter son estime d'elle et sa confiance en elle.

Ses relations amicales, quant à elles, n'étaient pas forcément plus douces, puisqu'elle s'entourait de personnes qui ne faisaient que confirmer ce qu'elle pensait déjà d'elle : "elle n'était pas capable, elle n'était qu'une pauvre fille".

Coté professionnel, elle a vécu une longue expérience enrichissante, mais toujours sous l'influence de valeurs qui ne lui ressemblaient pas. On lui demandait, entre

---

[9] Citation attribuée à Sénèque (1 / 65 ap. J.-C), homme d'Etat romain, philosophe, dramaturge.

autres choses, de manager des personnes par la peur, avec une autorité excessive et même probablement un peu de tyrannisme finalement.

Tout ceci la mettait encore plus en colère.

Le problème le plus important d'Aurélie n'était pas cette colère qu'elle ressentait, mais plutôt le fait qu'elle essayait de l'enfouir, de l'ignorer.
Certaines personnes avaient tendance à abuser de sa bienveillance et de sa générosité, et au lieu d'exprimer son mécontentement et ses limites, elle se contentait de ne rien dire et de faire ce qu'on lui demandait. De subir. Cette retenue l'empêchait de créer des liens avec de belles personnes, et elle l'empêchait d'être elle-même auprès de ceux qui comptaient pour elle.

Il fallait cependant qu'elle évacue cette colère, et c'est alors qu'elle a inventé le « mode taureau ». Celui qui lui permettait de foncer dans le tas chaque fois qu'elle se sentait blessée, en disant tout haut ce qu'elle pensait, avec des mots très blessants pour être sûre de heurter la personne en face d'elle. Comme une vengeance.

Cette méthode faisait taire les autres parfois, mais ça ne faisait pas de bien à Aurélie. C'est vrai qu'elle gagnait sa bataille contre l'autre, ce qui protégeait temporairement son égo, mais de cette façon, elle perdait la bataille la plus importante : celle qui aurait pu l'aider à solidifier ses relations.
Cela ne faisait que l'éloigner des autres et même d'elle-même, un peu trop souvent.

Un jour, après avoir été licenciée de son travail pour des raisons qu'elle trouvait absurdes, mais qui allaient bien avec ce qu'elle pensait déjà de son entreprise, elle a décidé qu'elle valait bien plus que ça. Qu'elle méritait mieux.

Et elle avait raison.

Aurélie a donc décidé de se faire accompagner. Sur ses plans de carrière d'abord, puis sur son business, ayant pour projet de se mettre à son compte, mais aussi et surtout sur elle. Sur sa confiance en elle.

C'est là que beaucoup de choses ont basculées dans sa vie.

Elle a notamment compris ce qu'elle voulait faire de sa vie professionnelle. Grâce au travail de fond qu'elle avait fait sur elle, elle savait maintenant exactement la voie qu'elle devait suivre, y compris si la route pour y arriver était inconfortable et qu'elle devait pour cela prendre le risque de tout recommencer à zéro.

Aurélie n'allait clairement pas choisir la facilité en se lançant vers cet objectif, mais elle n'avait aucun doute : elle choisissait la voie qui allait pouvoir la rendre heureuse et lui permettre de s'épanouir.

En parallèle, elle a aussi appris à mieux comprendre ses émotions. Attention, je n'ai pas dit qu'elle les contrôlait ou les refoulait comme elle en avait eu l'habitude. J'ai plutôt dit qu'elle les comprenait. Ce qui veut dire qu'elle avait désormais plus de facilité à les accepter, à les accueillir et à faire en sorte qu'elles lui soient utiles plutôt qu'elles lui desservent.

Elle a aussi appris comment elle fonctionnait, quelles étaient ses valeurs, ses limites, ses besoins et même ses objectifs à plus ou moins long terme. Ensuite, elle a appris à les communiquer. De façon à pouvoir dire ce qu'elle voulait, mais aussi ce qu'elle ne voulait plus. Que ce soit avec ses clients, ses amis, sa famille… Et tout ça de la bonne manière, c'est-à-dire celle qui lui convenait le mieux.

Il n'était plus question de supporter quoi que ce soit qui ne soit pas ou plus aligné à l'Aurélie d'aujourd'hui.

Ça a d'ailleurs beaucoup joué dans l'une de ses relations avec une amie. Cette amie, Charlotte, très importante à ses yeux, ne cessait de dépasser des limites qui dérangeaient Aurélie.
Jusqu'ici, c'est vrai qu'elle n'avait jamais rien osé dire face à ça, mais ce temps était révolu. Elle se lançait dans un projet professionnel difficile et très important pour elle, et Charlotte ne cessait de la décourager, de lui dire qu'elle ne s'y prenait pas de la bonne façon, qu'elle devrait faire autrement… Elle méprisait tous les efforts et le travail qu'Aurélie avait fait jusqu'ici.

Aurélie, qui cherchait vainement le soutien de son amie, était bouleversée par ses réactions.

Je me souviens de ce jour où, toute excitée, elle l'a appelée pour lui partager sa dernière idée. Elle allait proposer des accompagnements individuels complets à ses clients en se servant de ses propres expériences à elle. Elle avait déjà une idée du programme, de la façon dont elle allait communiquer, de tous les exercices qu'elle allait leur donner... Elle avait bossé jour et nuit sur tout ça, pendant des semaines, et était super contente de ce qu'elle allait mettre en œuvre.

Le verdict de Charlotte a été sans appel : c'était « idiot », « bête », « mal réfléchi »…

Tous les mots qu'on ne veut pas entendre quand on parle d'un projet qui nous tient à cœur.

Après cette discussion, Aurélie était totalement anéantie. Elle était découragée. Pourtant certaine d'avoir eu une bonne idée, elle était maintenant convaincue que personne ne lui ferait jamais confiance et donc qu'elle ne pourrait pas trouver de clients. Son projet allait tomber à l'eau.

Elle avait investi tellement d'énergie dans ce projet et pris de nombreux risques… Mais voilà qu'à présent, avant même de pouvoir le lancer, elle n'y croyait plus. Le monde qu'elle venait de se construire était en train de s'écrouler devant elle.

Elle se sentait nulle, incapable, elle redevenait « la pauvre fille » qu'elle avait toujours été. Elle ne pouvait pas être autre chose de toute façon… Elle allait abandonner, c'était plus sûr !

Néanmoins, même si elle envisageait le fait de rebrousser chemin, probablement par habitude du passé, elle n'en faisait rien. Elle n'arrêtait pas du tout d'avancer sur son projet. Les idées continuaient à fuser, et elle n'arrivait pas à les mettre de côté.

C'est là qu'elle a compris : son projet était son projet. L'avis de Charlotte n'était qu'un avis, rien de plus. Et son projet allait cartonner ! Bien sûr qu'il allait cartonner !

Avec tout ce travail qu'elle avait fait sur elle, il n'était plus question de se laisser influencer par qui que ce soit. Elle devait suivre son ressenti à elle. Ses envies et ses besoins à elle.

Ce nouvel élan a encore moins plu à Charlotte. Comment pouvait-elle continuer dans sa lancée après qu'elle lui ait donné un avis si tranché et négatif ? C'est alors qu'elle s'est donné pour objectif de lui prouver que ça n'allait pas marcher. Elle lui envoyait des informations, des articles, des notes, tout ce qu'elle trouvait qui pourrait lui prouver qu'elle allait droit dans le mur. Elle lui montrait que « ceux qui y arrivent » n'ont rien à voir avec elle ou ce qu'elle voulait proposer. Elle faisait tout ce qui était en son pouvoir pour la décourager et lui rappeler qu'elle n'en était tout simplement pas capable.

Face à cette attitude, certains pourraient se dire qu'il fallait fuir cette amie, qu'elle était toxique, ou la tirait vers le bas. Mais Aurélie tenait beaucoup à Charlotte. Et rien ne l'obligeait à s'en séparer. Elle devait uniquement poser des limites et décider de ce qu'elle voulait faire ressortir de cette relation.

Ça n'a pas été facile. Il a fallu qu'elle commence à lui dire stop et Charlotte ne l'a pas forcément bien pris au début. Tentatives d'humiliation et de culpabilisation, chantages affectifs, démarches d'intimidation, déclenchements de disputes… Beaucoup de réactions et d'émotions sont passées par là du côté de Charlotte. Cela ça a beaucoup chagriné Aurélie, qui tentait simplement d'exister dans sa propre histoire, au lieu de n'être que ce que son amie attendait d'elle.

Ça a pris un moment, mais Charlotte l'aimait tout autant qu'elle. Alors oui, redéfinir les termes de leur relation l'a perturbée au début, mais elle a fini par accepter que l'Aurélie actuelle ne se ferait plus marcher sur les pieds. Charlotte a compris que son amie était éblouissante, avec des idées incroyables, et qu'elle avait le droit, elle aussi, de s'épanouir. Et qu'elle comptait bien user de ce droit dans leur amitié aussi.

Aujourd'hui, Aurélie sait quand et comment elle peut se confier à Charlotte. Elle lui précise toujours ce qu'elle attend d'elle à ce moment-là, et tout ça lui permet d'accepter aussi beaucoup plus facilement les fois où son amie dérape dans leur amitié. Elle a compris que ça n'était pas en lien avec ce qu'elle valait, elle, mais plutôt en lien avec Charlotte, qui avait beaucoup de choses à régler avec elle-même.

Elles avaient réussi à poser des bases qui permettaient à leur relation de se solidifier, en reposant sur de nouvelles racines, résistantes et saines.

Lorsqu'Aurélie a finalement pu lancer son projet entrepreneurial, Charlotte a même fait partie de ses premières clientes. Elle n'en a plus tellement besoin maintenant, mais quelle reconnaissance pour le coup !

Aurélie est extrêmement fière de ce qu'elle est aujourd'hui. Elle sait qu'elle est incroyable. Elle sait qu'elle peut réaliser des choses fantastiques et elle sait qu'elle peut faire ça seule, même si elle a bien pris conscience que pour elle, ça sera toujours beaucoup plus fun de le vivre entourée de ses proches.

BOOST DE CONFIANCE

La voilà qui avance chaque jour un peu plus vers ses rêves, tout en appréciant chaque instant, et en acceptant (et même en aimant) celle qu'elle est, dans son ensemble.

Elle a même appris à faire avec ses émotions plus négatives. Elle sait les accepter, mais aussi les aimer. Elle sait à présent à quel point ses émotions peuvent devenir sa force.

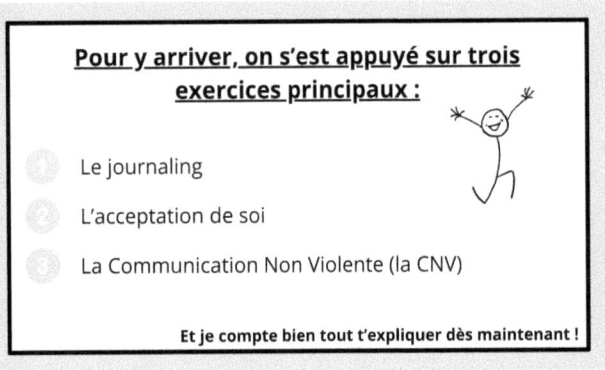

Pour y arriver, on s'est appuyé sur trois exercices principaux :

① Le journaling

② L'acceptation de soi

③ La Communication Non Violente (la CNV)

Et je compte bien tout t'expliquer dès maintenant !

Le journaling

« Parler est bien, écrire est mieux ; imprimer est excellente chose. Car si votre pensée est bonne, on en profite ; mauvaise, on la corrige et l'on profite encore »[10]
Paul Louis Courier

Cet exercice a pour objectif principal de se comprendre, se connaitre, comprendre nos émotions et interpréter ce qu'elles nous disent.

Il est probablement la base, le socle à maîtriser en premier dans de nombreux coachings. C'est grâce à lui qu'on apprend ensuite à mieux se connaitre. Et c'est une fois que cette étape est acquise, qu'on peut apprendre à s'aimer, se faire confiance, et même à mieux communiquer avec les autres.

Si l'aventure te tente, pour te connaître mieux, voilà comment je te suggère de t'y prendre : tous les jours, le soir de préférence, tu prendras le temps d'écrire dans un cahier toutes les réactions que tu auras eues ou toutes les émotions qui t'auront traversées dans la journée. Et tu chercheras toujours à les développer.

Tu t'es senti agressé quand ta voisine t'a fait une remarque ? OK, mais pourquoi ? Qu'est-ce que ça a atteint chez toi ? Quelle valeur a été affectée ? Quelle partie de toi a été remise en question ? Tu t'es senti agressé, ou bien cela n'a fait que confirmer un sentiment que tu avais déjà

---

[10] Citation de Paul-Louis Courier, écrivain français, dans *Phamphlet des pamphlets*, paru en 1824.

sur toi ? T'avait-elle déjà blessé de la sorte auparavant ? Ou quelqu'un d'autre ?

L'idée est de comprendre tes émotions, mais aussi tes réactions, pour comprendre pleinement qui tu es et ce qui compte à tes yeux.

Tu es prêt ?

À toi de jouer

Je prends le temps de noter ce qu'il s'est passé et la façon dont ça m'a touché :

Qu'est-ce qu'il s'est passé ?	Quelle émotion est-ce que j'ai ressentie ?	Pourquoi ais-je ressenti ça exactement ?

L'acceptation de soi

« On voit les qualités de loin et les défauts de près »[11]
Victor Hugo

On a parfois tendance à bloquer sur nos défauts, à se dire qu'on est trop ci ou trop ça… Alors que personnellement, je me dis qu'on est simplement ce qu'on est et que c'est complètement ok. Le fait est que parfois, on a une tendance à être plus ci ou ça que quelqu'un d'autre, et je suis pleinement convaincue que c'est une très bonne chose. C'est ce qui fait notre unicité. À condition bien sûr de l'utiliser pour soi.

Ce que je cherche à t'expliquer, c'est que tous nos défauts peuvent devenir nos qualités si on le souhaite. C'est simplement à nous de décider de ce qu'on veut faire de nos différentes caractéristiques et de la façon dont on veut les utiliser.

Tu es un râleur invétéré ? C'est vrai que ça n'a pas l'air top, dit comme ça. On risquerait de ne plus t'écouter quand tu évoqueras des problèmes si tu le fais sans arrêt. Mais peut-être que si tu vois les choses autrement, tu pourras te rendre compte que tu as un œil bien plus aiguisé que tes collègues pour voir ce qui ne va pas ? Et si tu utilisais ça à ton avantage, en notant tout ce qui ne va pas et en cherchant ce qui, selon toi, pourrait mieux fonctionner ? En étant constructif, tu as beaucoup plus de chances d'attirer l'attention de ton entourage finalement, et d'être respecté pour ce que tu es : quelqu'un d'avisé, qui voit des choses que d'autres ne voient pas forcément.

---

[11] Citation attribuée à Victor Hugo (1802-1885), Artiste, écrivain, Poète, Romancier.

Tu es très empathique ? OK, c'est vrai que ça peut te nuire parfois, puisque tu trouves toujours des excuses à tout le monde, y compris quand ils agissent contre toi. Mais peut-être que si tu vois les choses autrement, tu pourras te rendre compte que tu as simplement une capacité incroyable à percevoir ce que les autres vivent et ressentent ? Et que ça te permettra de ne plus te faire avoir, mais aussi de mieux comprendre les autres ? Peut-être même que tu vas pouvoir, grâce à cette qualité indéniable, trouver comment leur parler pour les impacter au mieux ? Pour que cela fonctionne, tu devras peut-être simplement déterminer la limite à partir de laquelle tu estimes que ça te nuit plus que ça t'apporte ?

Tu es toujours extrêmement franc avec les gens ? OK, cette caractéristique peut jeter un froid dans tes relations si tu la pousses à l'excès. Mais peut-être que si tu vois les choses autrement, tu pourras te rendre compte que c'est grâce à cette franchise que tu peux créer des relations solides avec les autres ? C'est peut-être la meilleure façon d'avoir des relations saines, avec des gens qui te comprennent vraiment ? Tu devras par contre peut-être apprendre à dire les choses « de la bonne manière » pour ne plus blesser ton entourage ? Et trouver l'équilibre entre ce qui mérite d'être dit et ce qui peut être gardé pour toi, de temps en temps ?

Je pense que tu as compris l'idée. Ta caractéristique, poussée à l'excès, pourrait te nuire, c'est vrai. Mais devenir l'exact opposé de ce que tu es est non seulement très difficile à faire, mais aussi compliqué à supporter au quotidien. Comme si tu étais un imposteur dans ta propre vie. Alors au lieu de chercher à être quelqu'un que tu n'es pas, que penses-tu de chercher à tirer avantage de ce qui te caractérise pour que ça te serve au lieu de te nuire ? Bien sûr, il sera nécessaire de trouver un équilibre, de déterminer une limite à ne pas dépasser pour rester du côté de ce qui te sert au lieu de basculer du côté qui te nuit. Tu penses pouvoir y arriver ?

À toi de jouer

Je prends le temps de faire le point sur ce qui me nuit aujourd'hui pour trouver comment rendre ça utile :

Quelles sont mes caractéristiques ?	En quoi viennent-elles me nuire ?	Comment pourraient-elles me servir ?	Quel est l'équilibre (ou la limite) pour qu'elles restent du côté utile et non nuisible ?

BOOST DE CONFIANCE

La Communication Non Violente

« La forme, c'est le fond qui remonte à la surface »[12]
Victor Hugo

Savoir ce que tu veux, t'aimer et devenir confiant n'ont absolument aucun intérêt si tu ne sais pas dire stop à une personne qui ne respecte pas tes limites.

Quand tu ne sais pas comment dire les choses, soit tu t'abstiens d'en parler et tu t'en veux, soit tu le dis trop fort et tu t'en veux.

Quelle que soit l'option, cela nuira à ton estime de toi et donc à ta confiance en toi. Alors voilà l'exercice que je te propose pour éviter cela. Il s'agira d'utiliser La Communication Non Violente, qui a été créée par Marshall B. Rosenberg[13], avec le bonhomme OSBD:

O: Observation : que constates-tu qui te dérange ? On s'arrête à des faits, sans interpréter ni rajouter quoi que ce soit.

---

[12] Citation attribuée à Victor Hugo (1802-1885), Artiste, écrivain, Poète, Romancier.
[13] La Communication Non Violente a été formalisée par Marshall B. Rosenberg (1934-2015), psychologue américain.

S : Sentiment : qu'est-ce que cela te fait exactement ? Le journaling que tu as découvert précédemment et que tu auras pratiqué en premier t'aidera énormément à mettre des mots sur cette partie-là. Cette étape est indispensable si tu veux être sûr de savoir ce que tu ressens, et pour laisser une chance à l'autre de comprendre comment ça t'impacte.

B : Besoin : quel est ton besoin général, en tant que personne (pas de « tu » par ici). C'est là que tu peux parler de tes valeurs, de tes envies, de tes besoins…

D : Demande : qu'attends-tu de l'autre précisément ? Soyons le plus clair possible et ne le laissons pas interpréter quoi que ce soit. L'idée ici est de lui dire clairement ce que tu attends de lui pour pouvoir lui laisser une chance de le faire comme tu l'espères.

Tu veux des exemples ?

Quand tu arrives en retard (1), je ne me sens pas respecté (2). La ponctualité est un sujet très important pour moi au quotidien (3). Penses-tu que tu pourrais essayer d'arriver à l'heure à nos prochains rendez-vous (4) ? Ou éventuellement me prévenir en cas d'imprévu, pour que je sache que tu me respectes malgré ton retard ?

Quand tu me fais des remarques sur mon poids (1), je me sens blessée et laide (2). En tant que femme, j'ai besoin que mon mari me montre que je suis belle et que je lui plais (3). Pourrais-tu penser à me faire aussi des compliments sur mon physique de temps en temps, chaque fois que tu me trouveras jolie (4) ?

BOOST DE CONFIANCE

Quand tu ne ranges pas la vaisselle comme tu me l'avais promis (1), je me sens négligée et non soutenue, comme si nos discussions et mes attentes n'intéressaient personne (2). J'ai besoin de me dire qu'en tant que couple, nous sommes une équipe, et qu'on peut compter l'un sur l'autre (3). Pourrais-tu faire la vaisselle tous les soirs comme prévu, ou me prévenir au moins les fois où cela ne sera pas le cas, pour que je sache que tu ne prends pas nos discussions et nos engagements à la légère(4) ?

Tu as envie d'essayer ?

À toi de jouer

Je prends le temps de mieux me comprendre pour mieux exprimer mes besoins à l'autre :

Quelle situation m'a agacée dernièrement ?	Comment je me suis senti à ce moment là ?	Qu'est-ce qui a été heurté chez moi et qu'est-ce que j'en déduis sur mes besoins ?	Qu'est-ce que je peux demander à l'autre pour que la situation ne se présente plus ?

Emeline Bazile : Son coté caméléon

« La discrétion est une vertu silencieuse »[14]
Louis Deniset

Emeline, 29 ans, agent de crèche

« Je suis caméléon ! »

Voilà ce que m'a confié Émeline, au bord des larmes, après avoir suivi trois heures de formation avec ses collègues au travail. Cette formation contenait un test de personnalité qui devait les aider à mieux se connaître professionnellement via l'attribution d'une couleur.

Émeline me raconte : Sophie est jaune, Aline est rouge, Richard est vert... Mais elle non ! Elle, elle n'a pas la chance de pouvoir bénéficier d'une couleur. Elle, elle est caméléon. En gros, elle n'est rien du tout !

Non pas que ce soit vraiment une nouvelle pour elle, elle n'avait jamais eu la prétention de penser qu'on pourrait lui attribuer une couleur, mais de là à le voir écrit sur un PowerPoint et annoncé devant tous ses collègues...

Émeline n'en pouvait plus de ce sentiment. Ce sentiment selon lequel elle n'était pas quelqu'un d'important, que

---

[14] Citation de Louis Deniset (1919-1983), personnalité politique Canadienne, dans *L'équilibre instable* paru en 1977.

son avis n'avait aucune valeur et qu'elle n'avait pas de compétence particulière…

Pour elle, le peu de fois où quelqu'un la remarquait, c'était uniquement pour la juger et la critiquer. Elle était convaincue que quel que soit le sujet, elle n'était pas à la hauteur. Que n'importe qui ferait forcément mieux qu'elle.

Cette sensation l'empêchait de vivre tellement de choses.

Elle m'avait même confié avoir des difficultés à se rendre à la pharmacie acheter des médicaments, par peur d'avoir à se garer devant les autres et de subir leur jugement… Elle avait aussi peur qu'on analyse ce qu'elle achète, ou même pire, qu'elle soit obligée de parler. Parce que pour elle, bien sûr qu'elle allait être évaluée sur sa façon de se garer, sur ses achats ou sa façon de parler. C'était évident.

Pour ces mêmes raisons, elle n'osait pas non plus aller acheter le pain à la boulangerie, donner son avis à ses proches… Ce genre de petites choses du quotidien qui semblent si banales à la plupart des gens lui paraissaient être une montagne, en tant que personne « non compétente et inférieure aux autres ».

À force de ne rien oser faire ou dire, elle avait le sentiment de devenir de plus en plus invisible.

On pourrait se demander comment elle faisait au quotidien pour vivre avec toutes ses peurs :

Tout d'abord, Émeline travaillait avec des enfants. Elle adorait son job et était une perle avec eux, mais on voyait bien que là encore, elle choisissait une activité qui lui permettait d'éviter de rencontrer trop d'adultes dans son quotidien.

Ensuite, elle vivait avec un petit ami adorable et très bavard, ce qui lui permettait de s'effacer derrière son charisme dès qu'elle le pouvait.

Elle n'était pas très proche de sa famille, pouvant ainsi éviter de nombreux moments gênants d'échange ou de partage. De même, elle se faisait très discrète lors de ses sorties entre copines.

En apparence, elle avait une vie plutôt ordinaire, mais elle ressentait en réalité un stress omniprésent et une anxiété très importante quand il s'agissait de sortir, de s'exprimer, d'échanger avec les parents des petits qu'elle gardait, de poser des questions à ses collègues…

Etre elle devenait vraiment épuisant au quotidien et nécessitait de fournir beaucoup d'efforts pour éviter les moments qu'elle jugeait compliqués.

De fait, même si elle s'était forgé un monde plus facile à vivre pour elle, avec un million de tactiques pour éviter les moments gênants, il lui arrivait de se trouver dans des situations inconfortables qui lui rappelaient qu'elle manquait cruellement de confiance en elle. Comme cette fameuse formation, au travail, avec le verdict du caméléon, qui ne faisait que confirmer ce qu'elle pensait déjà d'elle depuis bien longtemps: « elle ne servait à rien ».

Quelle dure interprétation d'un simple résultat de test de personnalité.

Il était grand temps qu'elle commence à se voir autrement, à comprendre la femme incroyable et forte qu'elle était.

C'est là qu'elle a décidé de se faire accompagner sur sa confiance en elle.

Dans ce coaching, nous avons travaillé sur de nombreux aspects.

Il y a eu un moment d'introspection, d'abord, pour qu'elle puisse être un peu plus objective sur tout ce qui la concernait, et qu'elle arrête de ne noter que le négatif à chaque fois.

Puis une partie de notre travail a porté sur la gestion de ses émotions, de façon à calmer son anxiété. Elle devait comprendre d'où ce sentiment venait et comment vivre avec toutes ses émotions au quotidien.

Enfin, nous avons travaillé sur son assurance et son assertivité. En d'autres termes, il était temps qu'elle apprenne à s'affirmer et qu'elle puisse exister autant qu'elle le voulait. Qu'on la voit quand elle le désirait, et qu'on se rende compte du fait qu'elle était très intéressante. Ou plutôt qu'elle s'en rende compte elle même pour donner envie aux autres de l'écouter.

Émeline a pris ce coaching très à cœur et s'est énormément investie. Elle a été incroyablement émue de voir à quel point ses progrès étaient visibles. Elle était fière d'elle et s'offrait de plus en plus de place dans sa vie, au travail comme en dehors. Elle existait enfin.

Il y a pourtant eu un moment où, bien sûr, comme dans la plupart des coachings dans lesquels il y a un véritable changement, ses doutes ont réapparu soudainement.

Sa confiance grandissante, Émeline est partie quelques jours en vacances à l'étranger avec des amies. Une fois à l'hôtel, elles ont rencontré une dame qui avait l'air très sympathique et qui avait de nombreux bons plans[15] à leur suggérer. Les filles n'ayant pas un très gros budget, elles étaient ravies de pouvoir s'appuyer sur une personne qui connaissait leur lieu de vacances et les meilleures solutions pour profiter de leur voyage sans se ruiner.

Néanmoins, Émeline n'était pas rassurée. Elle avait le sentiment que cette personne essayait d'obtenir quelque chose d'elle et de ses amies, et ne se sentait pas en confiance quand elle était là. Ne pouvant expliquer son ressenti, elle a choisi de ne rien dire à ses amies qui semblaient totalement décontractées à l'idée d'intégrer cette dame à leur petit groupe pour ce voyage.

Malheureusement, ce sentiment de mal-être ne quittait pas Émeline. Elle était inquiète et avait le sentiment d'être manipulée par cette dame. Mais voyant ses amies avancer alors qu'elle avait envie de reculer, elle s'est alors remise à douter d'elle. Et si c'était elle qui était simplement trop timide pour accueillir une nouvelle personne ? Et si elle en faisait trop ? Et si elle se méfiait pour rien, jugeant hâtivement et à tort une inconnue ? Et si c'était elle qui créait ce malaise en gardant cette distance avec elle ? Émeline commençait petit à petit à conclure que c'était son attitude à elle qui était la cause de son ressenti, et qu'elle devait se taire et changer rapidement de

---

[15] Bon plan : ce terme est utilisé ici pour décrire une occasion de réduire les frais qui auraient dû être engagés pour un produit ou un service.

comportement si elle ne voulait pas que ses amies la jugent ou la trouvent ridicule.

Elle avait pris la décision de ne rien dire, mais son sentiment ne la quittait toujours pas. Elle gardait cette personne à l'œil, inconsciemment. Elle ne trouvait aucune preuve pour alimenter son ressenti et aurait dû abandonner ses doutes, mais elle ne pouvait s'y résoudre.

Et c'est là qu'elle a compris. Émeline était une personne très empathique. Elle « ressentait » les gens. Et pour le coup, cette dame, elle ne la sentait pas. Elle n'avait pas de preuve, et ne comprenait pas exactement ses inquiétudes, mais elle savait qu'elle devait s'écouter et se faire confiance.

Elle a pris son courage à deux mains et a parlé à l'une de ses amies, puis aux autres. Et c'est là que contre toute attente, ses amies l'ont crue. Elles lui ont fait confiance, sur la base d'un simple ressenti et sans aucune preuve. Elles ont tout simplement accepté de respecter ses craintes. Elles ont poliment expliqué à leur nouvelle connaissance qu'elles préféraient continuer le voyage seules, sans bénéficier de son aide ou de ses conseils, et ont repris le fil de leurs activités.

Émeline n'en revenait pas. Ses amies l'avaient choisie, elle. Alors qu'elles avaient une occasion de faire des économies et de vivre des expériences incroyables, elles avaient choisi, sans aucune hésitation, de suivre le ressenti et les doutes de leur amie.

Elle a réalisé qu'elle existait bien plus qu'elle ne le pensait au sein de son groupe d'amies, et qu'elle était respectée pour ce qu'elle était. Elle qui essayait, en vain, de s'empêcher d'être elle-même, venait de réaliser que c'est bien pour ce qu'elle était qu'elle était appréciée.

Quel sentiment étrange d'ailleurs, quand ses amies et elles ont appris que dans leur hôtel, un groupe de jeunes s'était fait arnaquer par cette même dame. Elles avaient eu chaud. Grâce à Émeline.

Émeline savait maintenant que même lorsqu'elle ne savait pas l'expliquer, elle pouvait se faire confiance. Elle avait des qualités indéniables qui lui permettaient d'être une personne incroyable. Elle pouvait désormais utiliser son statut de caméléon, discret, empathique et qui s'intègre facilement, pour bien comprendre les gens qui l'entouraient. Cela lui permettait d'être là pour les gens qui comptent, et de se protéger de ceux qui auraient pu lui nuire.

Bien que ce fût déjà beaucoup, ses avancées ne s'étaient pas arrêtées là.

Lors de notre septième séance, Émeline est arrivée un peu en retard après m'avoir envoyé ce message : « J'aurais cinq à dix minutes de retard, je dois passer rapidement à la pharmacie pour me faire un test PCR avant de venir, car un enfant que je garde a la covid ».

Wow! Avant, jamais elle n'aurait osé y aller. Elle se serait empêchée de dormir pendant plusieurs jours avant d'oser mettre le pied à la pharmacie. Avant, elle aurait préféré annuler notre rendez-vous plutôt que de prendre le risque de s'afficher en public. Alors que là, c'était devenu normal.

Une fois arrivée, nous avons échangé sur ses avancées et elle m'a confiée qu'au travail, elle existait vraiment. Elle se sentait confiante et importante. Même sa responsable lui avait dit, à son entretien annuel, qu'elle avait vu sa progression et la voyait plus confiante et rayonnante.

Elle était libre. Elle se sentait libre. La voilà qui pouvait enfin être elle-même, agir à sa guise, sans angoisse et sans stress.

Cet accompagnement a beaucoup compté pour moi. J'ai été impressionnée par sa volonté et ses résultats au quotidien. Le moment que j'ai préféré, c'est plusieurs mois après notre échange, quand je l'ai recontactée pour prendre de ses nouvelles et qu'elle m'a indiqué s'occuper d'une stagiaire au travail. Une stagiaire qui, selon elle, était comme elle, avant. Elle m'a confié qu'elle ne comprenait même pas comment elle avait pu être comme ça, et qu'elle comptait bien lui transmettre tout ce qu'elle avait appris pour devenir celle qu'elle était devenue aujourd'hui : Une femme confiante et épanouie.

Pour y arriver, on s'est appuyé sur trois exercices principaux :

1. La gestion des émotions
2. La connaissance de soi
3. L'art de raconter des histoires

Et je compte bien tout t'expliquer dès maintenant !

La gestion des émotions

« Au commencement était l'émotion »[16]
Louis-Ferdinand Céline

Peut-être qu'il t'arrive de te laisser déborder par tes émotions et de ne même plus savoir quoi en faire ni par quel bout les prendre ? Si c'est ton cas, je peux te préconiser deux options.

La première étant d'appliquer cinq minutes de cohérence cardiaque[17] quotidiennement, pour faire redescendre la pression et les éventuelles tensions. L'idée ici est de pouvoir reprendre le contrôle de ton système nerveux parasympathique pour le réguler. En résumé, c'est un exercice de respiration qui fait du bien, autant physiquement que psychiquement. En plus, seulement cinq minutes par jour sont amplement suffisantes, alors pourquoi s'en priver ? Pour faire cet exercice, il te suffit d'inspirer pendant cinq secondes, et d'expirer durant cinq autres secondes. Tu fais ça pendant cinq minutes, tous les matins, et tu devrais en ressentir les bienfaits très rapidement.

---

[16] Citation de Louis-Ferdinand Céline, Ecrivain français, dans *Voyage au bout de la nuit* paru en 1932.
[17] La cohérence cardiaque a été mise en lumière par le Dr David Servan-Schreiber (1961-2011).

BOOST DE CONFIANCE

En deuxième, je peux te suggérer de réfléchir très sérieusement à ce que tu ressens, pour comprendre comment ça pourrait te servir.

On en a déjà parlé, mais le fait de noter tes émotions t'aide souvent à en prendre conscience, et donc à les comprendre. Ce qui t'aidera beaucoup plus facilement à les accepter et même à t'appuyer sur elles pour avancer.

Cependant, je sais que cet exercice, interpréter et nommer ses émotions, peut-être un exercice très complexe pour la majorité d'entre nous. En effet, nous ne sommes pas toujours très sûrs de ce que nous ressentons, et nous ne savons pas si un mot existe pour le retranscrire.

Pour te simplifier la tâche, j'ai choisi de te lister une série d'émotions pour que tu puisses sélectionner, le moment venu, celle qui se rapproche le plus de ce que tu vis :

À toi de jouer

Je prends le temps d'identifier mon émotion :

Joie	Fierté	Amour	Reconnaissance	Répulsion
Tristesse	Honte	Anxiété	Détermination	Résignation
Colère	Satisfaction	Etonnement	Mélancolie	Délice
Peur	Jalousie	Regret	Ecoeurement	Réjouissance
Surprise	Compassion	Admiration	Indifférence	Mépris
Dégoût	Déception	Embarras	Incompréhesion	Euphorie
Ennui	Remords	Ressenti	Emerveillement	Inquiétude
Excitation	Gratitude	Défiance	Satisfaction	Tranquillité
Confusion	Agacement	Hostilité	Inquiétude	Appréhension
Nostalgie	Espoir	Sérènité	Emballement	Méfiance

Il en existe bien d'autres, et tu n'as pas à te limiter à celles que je te propose, mais ce panel pourra toujours te servir de base si tu ne sais plus trop ce que tu ressens. Il te montre que quand tu te sens mal, tu sais que tu peux essayer de préciser ce ressenti en cherchant à comprendre vraiment ce qui se passe, ce qui est atteint chez toi, et pourquoi.

Une fois que tout ça sera clair pour toi, alors tu pourras réfléchir à l'utilité de cette émotion. Quel message veut-elle te faire passer et comment peux-tu t'appuyer sur elle finalement ?

À toi de jouer

Je prends le temps de comprendre ce qu'il se passe chez moi :

Qu'est-ce que je ressens exactement face à cette situation ?	Qu'est-ce que cela m'apprend sur moi ?	Comment je peux me servir de ce que j'ai appris sur moi, pour moi ?

La connaissance de soi

« Il y a trois choses extrêmement dures : l'acier, le diamant et se connaître soi-même »[18]
Benjamin Franklin

Parfois, certains me disent qu'ils n'ont pas une très bonne répartie, qu'ils n'arrivent pas à s'affirmer, qu'ils ne savent pas dire non, et encore moins comment le dire… Ils aimeraient gagner en confiance en eux pour pouvoir faire tout ça. Et je les comprends. Il est tout simplement hors de question de subir quoi que ce soit alors qu'il nous suffirait d'agir ou de communiquer pour avoir l'occasion de vivre quelque chose qui nous conviendrait mieux.

Cependant, quand je creuse le sujet avec ces personnes, je me rends souvent compte que la plupart du temps, et même avec tous les outils de communication du monde, ils n'auraient tout simplement pas pu dire non, ou stop, ou ce qu'ils veulent à la place… Parce qu'ils n'en n'ont absolument aucune idée. Comment veux-tu dire non si tu ne sais pas ce qui ne te convient pas ? Comment veux-tu dire ce que tu veux si tu n'en n'as pas conscience ? Comment veux-tu avoir de la répartie si tu ne sais même pas ce que l'autre a heurté chez toi, et ce que tu aurais voulu lui répondre…

Tu l'as compris, tu ne pourras pas gagner en assurance sur tous ces aspects si tu ne travailles pas d'abord sur ta connaissance de toi. Tu dois commencer par apprendre à te connaître.

---

[18] Citation attribuée à Benjamin Franklin, Artiste, écrivain, Physicien, Scientifique et Politicien.

Tu dois absolument savoir qui tu es, ce qui compte pour toi, quelles sont tes valeurs, tes priorités… Mais aussi tes objectifs, tes projets… Tu dois savoir ce que tu n'aimes pas, ce que tu ne veux pas ou plus vivre, ou ce que tu veux vivre, à l'inverse…

L'un des exercices qui fonctionne très bien pour ça, c'est de réfléchir à des situations que tu as vécues par le passé :

Tu as été récemment en colère, ok mais pourquoi ? Que s'était-il passé ? Qui était présent ? Quel sujet avait été abordé ? Quel était le contexte ou même l'environnement ? Le but étant de saisir vraiment ce qui s'est passé, et pourquoi ça t'a mis en colère. Là, tu apprendras à quel moment une de tes limites a été dépassée. Il peut être intéressant d'essayer de pousser la réflexion pour savoir à quel moment tu aurais dû dire stop pour ne pas t'approcher de cette limite.

Peut-être que c'est une de tes valeurs qui a été atteinte ? Dans ce cas, quelle est-elle ? Pourquoi te semble-t-elle si importante et qu'est-ce qu'elle t'apprend sur toi ? Peut-être même que tu étais jaloux ? Jaloux d'une personne qui a un truc que tu n'as pas, ou qui sait faire un truc que tu aimerais savoir faire ? Qu'est-ce que ça t'apprend sur toi exactement?

La dernière fois que tu as été bien dans ta peau, te rappelles-tu pourquoi tu t'es senti comme ça ? Étais-tu heureux d'être entouré, serein d'être seul, épanoui d'avoir atteint un objectif ? Essaye d'y réfléchir pour savoir ce qui te faisait te sentir aussi bien. Ça t'aidera à t'apaiser et à retrouver cette sensation quand le moment sera plus dur et que tu rechercheras à atteindre un sentiment de mieux-être par exemple.

Tu l'as compris, c'est quand on arrive à savoir qui on est et qu'on arrive à se comprendre, qu'on pourra commencer à le communiquer au reste du monde. De la bonne façon, c'est-à-dire celle qui nous convient le mieux et dans le respect de soi comme de l'autre bien sûr.

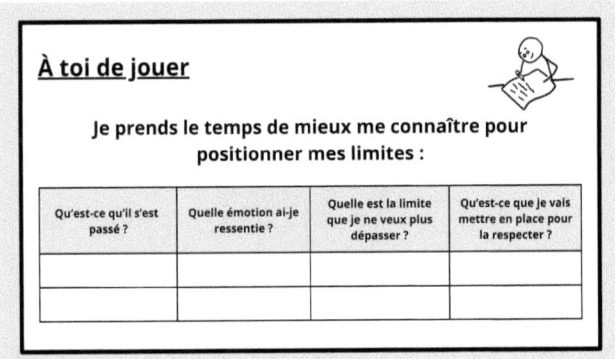

Un autre exercice que je peux te proposer en bonus pour mieux te connaitre, c'est de demander l'avis des gens qui t'entourent. Que pensent-ils de toi ? En fonction de leurs réponses, tu sauras si ce que tu entends te convient ou s'il y a des choses que tu n'apprécies pas. Ça en dira souvent beaucoup sur tes valeurs, tes priorités, mais aussi sur ton propre jugement…

Tu te sens prêt à essayer ?

À toi de jouer

Je prends le temps de réfléchir à l'avis qui m'a été donné sur moi :

Qui a donné cet avis ?	Qu'a t-il dit ?	Qu'est-ce que ça me fait ?	Qu'est-ce que ça m'apprend sur moi ?

BOOST DE CONFIANCE
L'art de raconter des histoires

« À raconter ses maux, souvent on les soulage »[19]
Pierre Corneille

Pour impacter son entourage et lui donner envie de l'écouter, on doit d'abord être convaincu que notre histoire a de l'intérêt. Comment donner envie à qui que ce soit de nous écouter quand on se lasse nous-même de ce qu'on raconte avant d'atteindre la fin ?

Tu devras donc croire en toi et en l'intérêt de ton histoire, en premier lieu.

Ensuite, il sera question de comprendre l'émotion principale ressentie pendant cette histoire que tu choisis de raconter. Les gens se fichent généralement des faits, si on ne parle pas de ce qu'on a ressenti. Tu gagneras donc à évoquer cette partie-là pour susciter leur intérêt, mais aussi pour les garder intéressés. Tes interlocuteurs auront ainsi davantage envie de connaitre tous les détails de ton histoire. Sans oublier que le fait de rester concentré sur tes émotions t'aidera toi aussi à garder le fil conducteur de ce que tu racontes.

L'étape suivante sera de t'appuyer sur ta connaissance des personnes à qui tu t'adresses pour t'aider à connaitre leurs leviers de motivation ou leurs centres d'intérêts. Tu pourras ainsi plus facilement choisir d'insister sur des parties qui leur parlent davantage pour conserver leur attention. L'idée n'est pas de biaiser ton discours, mais

---

[19] Citation de Pierre Corneille, dans *Polyeucte martyr*, tragédie représentée en 1961 au théâtre du Marais.

simplement de choisir sur quelle partie appuyer pour t'adapter à tes interlocuteurs.

N'oublie pas de mettre du dynamisme dans ton discours, et de le vivre pleinement pour permettre aux autres de pouvoir se projeter eux aussi.

En d'autres termes, tu devras croire en toi, te comprendre toi et tes émotions, et comprendre comment fonctionne ton interlocuteur pour que ce que tu racontes puisse l'intéresser.

Et voici, pour t'aider, quelques exemples de questions à te poser avant de te lancer :

BOOST DE CONFIANCE

À toi de jouer

Je prends le temps de réfléchir à mon message :

Pourquoi je veux raconter cette histoire, qu'est ce que je veux transmettre ? Est ce que je veux montrer mon inquiétude, partager ma joie, créer du stress, donner une information… ?	
Quelle est l'émotion principale à retenir de ce que je veux raconter ?	
Quelle partie intéressera le plus mon interlocuteur ?	
Quel ton utiliser pour rester impactant ?	

Jasmine Chinez : Trop c'est trop

« L'important n'est pas de tout faire, mais de faire le plus important »[20]
François GAMONNET

Jasmine, 31 ans.

Jasmine avait beau être une femme bourrée de talents et de volonté, elle était complètement dépassée. Elle avait pris pour habitude, depuis aussi loin qu'elle s'en souvienne, de se lancer dans une multitude de nouveaux projets en simultané, comme pour se prouver qu'elle était capable de tout.

Le problème avec cette méthode, c'est que gérer tout ça en même temps devenait généralement intenable, épuisant et même éreintant. Sans oublier que souvent, ça ne fonctionnait pas aussi bien qu'elle l'espérait. Elle n'arrivait pas à s'organiser, et les résultats n'étaient clairement pas au niveau de ses attentes.

Tout ceci jouait énormément sur sa confiance en elle. En voulant se prouver qu'elle était capable, elle se donnait des objectifs inatteignables, se prouvant ainsi sans arrêt qu'elle ne l'était pas. Elle ne se donnait pas d'autre choix que d'échouer, ce qui nuisait fortement à son estime d'elle-même.

---

[20] Citation attribuée à François Gamonnet, Co-fondateur des sociétés-conseils Institut de Gestion du Temps, Innovation Consultants.

Cela la décevait, et elle en venait même à compenser par d'autres habitudes encore moins valorisantes, comme le fait de se mettre à manger de façon compulsive.

Jasmine avait déjà des capacités incroyables quand on s'est rencontrées, mais elle ne s'autorisait pas à les voir, ni à les apprécier. Puis un jour, elle a décidé qu'elle devait vivre autrement. Plus sereinement. Plus posément. Et surtout, elle a pensé qu'il était grand temps qu'elle arrête de s'autosaboter, et qu'elle commence à se laisser une chance de vivre pleinement chaque projet, à fond, comme elle le voulait vraiment.

Quand nous avons commencé le coaching, nous avons identifié ensemble toutes ses priorités. Quels étaient ses objectifs principaux, qu'est-ce qui était important pour elle, et quelles étaient ses valeurs fondamentales ? Connaître tout ça était la base pour pouvoir se réorganiser et gagner en sérénité.

Ce qui aurait pu être difficile pour elle qui aimait tant se dépasser, c'est que ça nécessitait de mettre un ou deux projets de côté pendant un temps. Finalement, cela s'est fait très naturellement. L'avantage quand on connaît bien ses priorités, c'est que les sacrifices qu'on peut faire pour elles ne ressemblent en rien à des sacrifices. Il s'agit de logique, de cohérence, et on est aligné avec ça, alors Jasmine ne l'a pas du tout mal vécu. Elle savait ce qu'elle faisait, et pourquoi elle le faisait.

C'étaient ses choix.

Jasmine devait maintenant passer à l'action si elle voulait que tout le travail d'introspection fait en premier lui soit utile.

C'est ainsi qu'elle a déterminé une organisation qui lui convenait. Cela concernait autant sa vie personnelle que professionnelle, de façon à ce qu'aucune sphère ne vienne empiéter négativement sur l'autre comme cela était déjà arrivé trop souvent jusqu'ici.

En suivant son plan d'action, elle a pu atteindre, un à un, tous ses objectifs. Quelle que soit la difficulté, la durée ou les personnes impliquées, elle savait toujours comment faire. Quelle satisfaction pour elle de voir tous ses projets s'accomplir l'un après l'autre !

Elle pouvait enfin se rendre compte qu'elle était capable de faire les choses bien en les prenant une à une, et d'atteindre ses objectifs sereinement et même avec plaisir. Elle a aussi constaté qu'elle était plus forte que ses précédentes actions ne l'avaient laissées entendre, et qu'elle pouvait s'appuyer sur cette force pour absolument TOUT faire.

C'est comme ça qu'elle a pu reprendre le cours de son quotidien de façon très sereine, sans courir et sans culpabiliser à chaque instant.

Tout se passait extrêmement bien dans le coaching de Jasmine, qui devenait de plus en plus confiante et qui était très fière de ses réalisations. Elle s'épanouissait pleinement et me disait découvrir enfin ce que voulait dire « vivre ».

Tout redevenait possible pour elle, et cet état d'esprit commençait à vraiment s'ancrer.

Pourtant, l'ensemble de son travail a failli être compromis quand elle a finalement échoué avec l'un de ses objectifs.

Jasmine voulait maigrir et elle s'était fixé un objectif de perte de kilos pour lui faire atteindre le poids qu'elle avait eu il y a quelques années. Il s'agissait d'un poids avec lequel elle se souvenait s'être sentie bien, belle et épanouie. C'était donc logique qu'elle cherche à le retrouver.

Elle avait prévu du sport et une meilleure alimentation pour atteindre son objectif. Elle s'était même mis de côté les vêtements qu'elle portait à l'époque pour se faire plaisir à les reporter une fois l'objectif de poids atteint.

Elle avait temporairement arrêté de se peser, et avait fait beaucoup d'efforts. Cependant, elle trouvait cet objectif bien plus dur que les autres, et elle ressentait d'ailleurs beaucoup de frustration à ce sujet. Elle avait la sensation que tout ce qu'elle faisait était vain et que ça ne se passait pas comme prévu. Quand elle a finalement osé se peser, le choc a été violent. Elle avait pris du poids.

Probablement du muscle avec tout ce sport qu'elle faisait, ce dont elle avait conscience, mais le fait est que la balance affichait un chiffre supérieur à celui qu'elle s'était fixé, et même supérieur à celui qu'elle avait avant de commencer son régime. Elle ne ressemblait pas à celle qu'elle avait été par le passé. Elle ne ressemblait pas à son objectif de base.

Rien n'y faisait. Malgré tous ses efforts, elle n'y arrivait pas.

C'est là que, de nouveau en situation d'échec, le sentiment de ne pas être assez s'est invité dans son esprit. Elle a recommencé à se sentir nulle. Elle a estimé que ça ne se passait pas comme elle voulait malgré toute l'énergie qu'elle avait déployée. Elle en a déduit qu'elle n'y arriverait jamais. Face à ça, elle a même recommencé à grignoter de façon compulsive, comme elle avait tendance à le faire avant de commencer son coaching. Comme si elle voulait se punir d'avoir échoué.

Elle s'est blâmée, elle s'est critiquée, elle s'est sentie incompétente et moche… Et elle a recommencé à s'autosaboter.

Jasmine était repartie dans une spirale négative dont elle ne voyait pas d'issue.

Elle était déçue, très déçue. Elle était en train de recevoir et d'accueillir une multitude d'émotions négatives, qui ne faisaient que l'enfoncer dans une spirale douloureuse. Cependant, pendant tout ce temps, elle a continué à noter tout ce qu'elle ressentait dans un cahier, comme elle en avait pris l'habitude durant son coaching. Cela lui permettait de comprendre chacune des émotions qui la traversaient, même si ce n'était pas forcément des choses agréables à vivre.

Elle a fait ça machinalement, comme si la routine de l'écriture de ses ressentis était maintenant ancrée en elle. Pour pouvoir écrire tout ça, elle était tous les jours obligée de prendre un minimum de recul, comme si elle faisait un pas sur le côté, pour relater ce qu'elle vivait exactement.

BOOST DE CONFIANCE

Ce genre de pas n'est pas évident, surtout quand ce qu'on voit ne nous fait pas plaisir. Mais cela aide véritablement à prendre conscience de ce qui se passe, et à décider de ce qu'on veut pour la suite.

Et puis voilà que tout à coup, elle s'est souvenue. Au bout de quatre jours de déception, de tristesse et d'autosabotage, pendant lesquels elle a tout noté. Elle s'est souvenue que pour y arriver, elle devait être son premier supporter[21]. Ce n'est clairement pas ce qu'elle était en train de faire là, tout de suite, en se parlant de la sorte et en s'autosabotant pour se punir.

Elle s'est alors appuyée sur les dernières fiertés qu'elle s'était notées, pour se rappeler qu'elle était une femme forte, qui pouvait tout atteindre, à condition de se soutenir, se respecter, et faire preuve d'indulgence quand il y avait un faux départ. Elle a également réalisé que cet objectif devrait être défini autrement. Pas en se basant sur ce qu'elle avait été, mais plutôt sur ce qu'elle était maintenant et sur ce qu'elle voulait devenir. C'est là qu'elle a reposé les bases. Que voulait-elle vraiment ? Un ventre plat, des cuisses fines et fermes, un dynamisme à toute épreuve ? Ça, elle en était capable. Il ne restait plus qu'à établir des éléments mesurables pour savoir quand elle les atteindrait.

Elle a tout de suite arrêté le grignotage, et a fait un plan. Comment allait-elle faire exactement ? Elle a tout programmé de façon posée et réfléchie.

---

[21] Supporter : spectateur prenant parti pour une équipe ou pour une personne. Dans le cas cité ici, elle devait se soutenir elle-même.

Avec un objectif fixé de la sorte, elle se sentait mieux. Elle se sentait mieux parce qu'il était clair, possible, suffisamment challengeant pour se dépasser comme elle adorait le faire, mais surtout parce qu'il était aligné à tout le reste. Il était aligné à sa vie d'aujourd'hui, ses priorités, son quotidien, sa vision…
Et non pas à la femme qu'elle avait été un jour.

Jasmine savait qu'elle allait atteindre son objectif. Elle se sentait déjà plus belle et plus dynamique, rien qu'en ayant redéfini tout ça et en sachant pertinemment que cette fois, elle allait tenir l'engagement qu'elle avait pris envers elle.

Jasmine était prête. Elle savait maintenant que parfois, on rate un peu, mais que rien n'est définitif. Que dans ce cas, il nous suffit de réajuster certaines choses et de repartir de plus belle.

Il nous restait encore deux sessions pour continuer à ancrer encore plus de choses, mais je savais déjà que plus rien ne l'empêcherait d'être celle qu'elle voulait être.

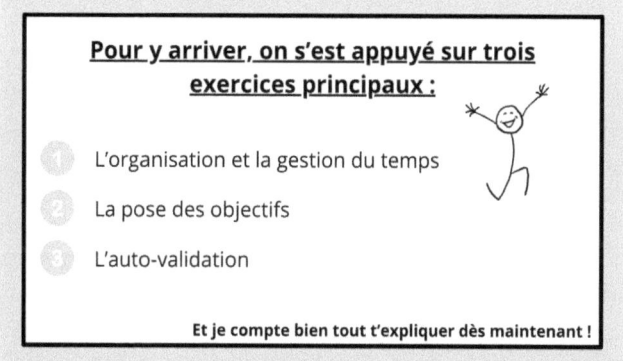

L'organisation et la gestion du temps

« Vouloir tout faire est illusion car il y aurait toujours plus de choses à faire que de temps disponible »[22]
François GAMONNET

Si toi aussi, tu as parfois du mal à t'organiser ou que tu as le sentiment de manquer de temps, il est peut-être nécessaire que tu te poses quelques minutes pour essayer de tout débroussailler.

Je sais que ça peut te paraître contre-intuitif : tu te dis que tu manques de temps, et je te dis de faire une pause.

Le fait est que c'est la seule solution pour pouvoir véritablement en gagner. C'est en faisant un pas de côté, en analysant notre organisation actuelle, qu'on peut trouver des solutions pour simplifier notre quotidien.

Par exemple, tu es peut-être une personne qui a plein d'idées à la minute et qui les note sur le premier bout de papier que tu trouves pour ne pas les oublier ? Si c'est ton cas, tu as peut-être besoin de trouver un outil qui te permette de tout regrouper à un seul et même endroit. Un cahier que tu aurais systématiquement sur toi, ou une application, que tu pourrais retrouver autant sur ton ordinateur que sur ton téléphone, par exemple ? Ça t'éviterait de partir à la recherche du dernier post-it gribouillé ou de te demander ce à quoi tu avais pensé tout à l'heure alors que tu es parti du boulot en y laissant ton carnet de notes.

---

[22] Citation attribuée à François Gamonnet, Co-fondateur des sociétés-conseils Institut de Gestion du Temps, Innovation Consultants.

Si tu es une personne qui accumule beaucoup de retard sur certaines missions, il peut y avoir de nombreuses raisons à cela : peut-être que tu procrastines par peur que ça te prenne trop de temps, ou par manque d'intérêt pour la tâche en question, ou peut-être même que c'est parce que tu es souvent dérangé et distrait au moment où tu décides de t'y mettre ? Peut-être aussi que c'est lié au fait que tu ne saches pas dire non aux autres, ou à la multitude de pauses que tu prends pour fumer une cigarette ? Peut-être également que tu prends du retard parce que tu en as trop à faire, tout simplement ?
Quelle que soit la raison, tu devras absolument la comprendre pour pouvoir trouver la solution qui convient le mieux à ta situation.

Voilà l'exercice que je te propose pour faire le point :

Prends déjà conscience de tout ce que tu fais. Mais vraiment tout. Et tu le notes. Je parle de ce qui est inscrit dans ton agenda bien sûr, mais aussi de ce qui ne s'y trouve pas : tu dois prendre conscience des moments où tu t'arrêtes pour discuter, pour regarder tes notifications de téléphone ou tes mails, des moments où tu es distrait par une autre problématique... Tout doit être noté pour vraiment voir comment se passent tes journées.

Fais ensuite le point sur ton planning :

Détermine ce qui te parait important ou encore ce qui te rend fier. À quel moment, et surtout en ayant fait quoi, tu arrives à te sentir satisfait à la fin de ta journée ? Ça t'aidera beaucoup à faire le point sur tes valeurs et tes priorités.
Mets également en avant tes contraintes, tes obligations, pour pouvoir les considérer au moment de te réorganiser (horaires de récupération des enfants, plus de dynamisme le matin, des douleurs au dos qui ne te permettent pas de rester assis ou debout de façon prolongée…).
Détermine aussi ce qui, dans ton agenda, n'est pas nécessaire et constitue soit du temps perdu, soit des choses à revoir ou à déléguer (jeter un œil à tes notifications, laisser ta boite mail ouverte constamment, attendre un colis et guetter l'arrivée du facteur, faire du tri dans tes papiers).

L'étape suivante sera de te réorganiser :

Tu pourras par exemple déterminer des blocs de temps pour chaque projet ou mission à mener.
Tu pourras aussi t'outiller, automatiser certaines tâches, te retirer des missions, en déléguer…
Tu pourras également te consacrer aux tâches les moins valorisantes dès le début de ta journée en y passant 10 minutes par jour et enchainer avec des trucs plus sympas.
Au contraire, tu pourras aussi commencer par le plus sympa et une fois le sentiment de fierté présent, tu pourras te consacrer aux tâches que tu aimes moins…
Tu pourras aussi prévoir des pauses, des temps pour toi…

La réorganisation dépend de toi. Tu devras trouver celle qui te convient. N'hésite pas d'ailleurs à tester des méthodes, et à les changer si ça ne te plait pas. Ça ne sera pas un échec, mais bien une occasion de te connaitre encore mieux et de savoir ce qui marche ou non pour toi.

Pour réaliser cet exercice, tu devras prendre conscience de trois choses importantes :

La première, c'est que tu ne manques pas de temps. C'est à toi de décider comment tu veux te gérer dans le temps. Il est important que tu réalises que même avec plus de temps, il y a de fortes chances que tu agisses exactement de la même façon qu'aujourd'hui, et que tu ne fasses pas plus de choses. Le secret se trouve dans ta prise de décision, dans ton arbitrage de ce qui te semble important ou prioritaire. Nulle part ailleurs.

La seconde, c'est que tu es le seul à pouvoir agir sur ta gestion du temps. Tu dois donc en accepter la responsabilité pour pouvoir changer les choses. Arrête donc de dire qu'on te sollicite tout le temps, que tu es souvent dérangé, et mets des choses en place : Par exemple, rien ne t'oblige à décrocher ton téléphone à tout instant, ou à rendre service à toute personne qui te le demande. C'est à toi de prioriser, de décider ce que tu veux faire de ton temps. Détermine donc tes limites, tes envies, tes objectifs… Pour décider comment utiliser tout ce temps dont tu disposes.

La dernière chose à considérer, c'est qu'aucune organisation ne convient à tout le monde. Tu peux t'inspirer des méthodes des uns et des autres, mais tu devras les adapter à toi et à ta situation pour trouver celle qui te convient le mieux, en fonction de toi, de tes besoins, de tes envies, mais aussi de tes limites ou contraintes.

Tu te sens prêt à alléger ta charge mentale en te réorganisant ?

À toi de jouer

Je prends le temps de faire le point sur ce qui occupe mon temps :

Qu'est-ce que je fais au quotidien ?	
Qu'est-ce qui me procure de la satisfaction ?	
Quelles sont mes priorités ?	
Quelles sont mes contraintes ?	
Qu'est-ce que je peux retirer de ma charge ?	
Comment je compte me réorganiser ?	

La pose des objectifs

« Se fixer des objectifs à atteindre chaque jour c'est avoir une raison de vivre chaque instant »[23]
Djondo Jean Medard

Le moment où tu vas te fixer un objectif, et surtout la façon dont tu vas le faire, vont tous deux être déterminants dans l'atteinte de celui-ci. Alors si tu essaies justement d'en atteindre un, laisse-moi te guider pour le fixer de la bonne manière. Il y a effectivement des choses à déterminer en amont pour y arriver plus aisément.

La première chose à faire, c'est de comprendre réellement quel est cet objectif et quelle est la raison pour laquelle il est si important pour toi. Tu dois comprendre ce qui te motive à vouloir l'atteindre, pour ne pas te laisser démotiver au moindre imprévu qui se présentera.

Ton objectif doit absolument avoir du sens pour toi. Le faire pour quelqu'un, ou pour fuir une situation que tu vis est rarement suffisant. Que veux-tu atteindre toi ? En partant de la personne que tu es. Si on prend l'exemple de Jasmine, elle n'avait pas choisi un objectif qui ait assez de sens pour elle. Elle cherchait à retrouver le passé, ce qui n'est clairement pas un objectif d'avenir.

Je m'explique : Le problème avec ce genre d'objectifs, celui de "retrouver" son corps d'avant, c'est qu'il est vain. On ne pourra jamais "retrouver" le corps d'avant, ni "se sentir" comme avant, pour la simple raison que nous

---

[23] Citation de Jean Médard Djondo, Maître de Taekwondo et Initiateur du Concept d'éducation Self Defense 3D.

avons changé. Nous ne sommes plus la même personne. Donc même avec un poids identique, notre corps ne sera jamais parfaitement comme avant, et nos ressentis non plus. Forcément, Jasmine n'arrivait pas à atteindre un objectif de ce genre à cause de la façon dont il avait été fixé. Pour l'atteindre, elle devait prendre en compte ses besoins et ses motivations actuelles, ses attentes, ses envies, ses contraintes... Le fait d'espérer être comme quelqu'un d'autre ou même d'être comme elle était avant n'était clairement pas suffisant ni assez adapté à sa situation. Tu vois la subtilité ? Il faut que ton objectif soit lié à tes aspirations, contraintes, valeurs et limites actuelles, pour qu'il ait du sens pour toi.

Ensuite, il s'agit de respecter certains critères. Prenons ceux de la méthode SMART, que tu connais peut-être déjà et qui a été introduite par George T. Doran[24] en 1981, sur la base des travaux de Peter F. Drucker[25], spécialiste en gestion des entreprises, qui développait le concept de management par objectifs, en 1954. Fin de la partie historique, je vais t'expliquer ce dont il s'agit :

Le premier, c'est que ton objectif doit être spécifique (S). Il doit être suffisamment précis. « Faire des efforts », « perdre du poids », « s'améliorer », tout ça est beaucoup trop flou. On évite donc les aspects vagues et on essaie d'être pragmatique et précis, en déterminant un objectif simple et compréhensible, sans interprétation possible.

---

[24] Geaorge T Doran, professeur en maangement, a énoncé le premier le mot « SMART » dans son article *There's a S.M.A.R.T way to Write Management's Goals and Objectives.*

[25] Peter F. Drucker a abordé le concept de management par objectifs dans son livre *The Practice Of Management*, paru en 1954.

Ensuite, ton objectif devra être mesurable (M). À quel moment pourras-tu considérer qu'il est atteint exactement ? Cette étape est indispensable pour éviter l'éternelle insatisfaction et te rendre vraiment compte de ce que tu as accompli. Il est également nécessaire pour rester objectif et pouvoir déterminer si oui ou non, ton objectif est atteint.

Ton objectif devra par ailleurs être suffisamment ambitieux (A). S'il n'est pas assez challengeant, tu risques de le mettre de côté, et donc de ne pas l'atteindre, ce qui serait dommage. Ce qui n'exclut pas de rester réaliste (R). S'il fait trop peur ou te paraît trop difficile, là aussi, tu n'oseras probablement pas t'y pencher et tu risques de procrastiner. Si ton objectif est prévu sur une durée de plusieurs mois, n'hésite donc pas à le découper en plus petits objectifs, sur de plus petites périodes, pour permettre à ton cerveau de se projeter, de visualiser et de le rendre réaliste. Il est important que tu retiennes que nos cerveaux ont du mal à se projeter trop loin, alors proposons-leur de découper nos objectifs pour en avoir des morceaux de visualisables pour les trois prochains mois par exemple, afin de rester motivés, et ne pas remettre nos actions à plus tard.

Enfin, ton objectif devra absolument être atteint en fonction d'une date limite. Il doit y avoir une notion de temps (T). Rien ne dit que tu ne pourras pas repousser la date convenue, mais le fait est que si tu n'en mets pas, tu ne considéreras pas cet objectif comme prioritaire. De fait, tous tes autres objectifs, ou même tout simplement ta routine du quotidien, risquent de passer avant celui-là et il te sera très difficile de l'atteindre. On détermine une date, et on se lance !

BOOST DE CONFIANCE

On résume avec l'un de tes objectifs pour exemple?

À toi de jouer

Je prends le temps de clarifier mon objectif :

Pourquoi cet objectif ?	
Quel est mon objectif, précisément ?	
Comment vais-je mesurer son atteinte ?	
Est-il assez challengeant pour moi ?	
Est-il réaliste ? Sinon, comment le rendre réaliste pour moi ?	
Quelle est ma date limite pour l'atteindre ?	

En le définissant de la sorte, plus aucune raison de ne pas l'atteindre ! De fait, la seule chose que je peux te conseiller maintenant, c'est de te préparer à la réussite et à ce sentiment de fierté de ton côté !

L'auto-validation

« Plus important que le jugement des autres, il y a le jugement que nous portons sur nous-mêmes »[26]
Alejandro Jodorowsky

Le troisième exercice qui pourra t'aider à te voir autrement, à retrouver de la sérénité dans ton organisation, et à atteindre tous tes objectifs, sera celui de l'auto-validation. L'idée ici est de ne plus jamais attendre la validation des autres, de ne pas reposer sur leur regard, mais bien de définir seul, à quel moment tu seras satisfait.

Tu es le seul à pouvoir décider si tu as atteint ton objectif, si ce que tu as fait te convient ou non, si tu espères davantage…

Si tu as justement du mal à ne pas écouter l'avis et le regard des autres à ton sujet, et que tu aimerais pouvoir décider toi-même de ta satisfaction, je t'invite à déterminer de ton côté, avec précision, ce qui fera que selon toi, ton objectif sera atteint. Quelque chose qui ne puisse pas se discuter. Tu veux des exemples ?

Lorsque j'aurai réussi à faire trente minutes de sport par jour, cinq jours par semaine, pendant au moins deux mois d'affilés, je pourrai être satisfait.

---

[26] Citation de Alejandro Jodorowski, cinéaste, artiste et écrivain chilien dans *La sagesse des contes*, paru en 1997, traduit et publié en français depuis l'espagnol, réédité et augmenté d'une dizaine de contes en 2007.

BOOST DE CONFIANCE

Lorsque j'aurai traité tous mes mails en retard, je pourrai être satisfait.

Lorsque j'aurai coché au moins trois actions de ma to-do list, je pourrai être satisfait.

Et d'ailleurs, si tu as tendance à être un peu trop perfectionniste, alors je vais te proposer un outil qui pourra t'aider à ne pas te limiter, en échelonnant ta satisfaction. L'échelonner sert à prendre conscience de nos réalisations même si on n'a pas atteint notre objectif final, qui est certainement un peu exigeant compte tenu de notre côté perfectionniste. L'échelonner nous permet de passer à l'action, même si on n'est pas sûr de pouvoir atteindre le maximum de nos espérances. Cela nous permet surtout de ne pas nous dire qu'on est nul quand on s'arrête juste avant le haut de la montagne, afin de pouvoir prendre conscience, au contraire, de tous les kilomètres qui ont été parcourus jusqu'ici.

Pour y arriver, voila l'outil que je te propose d'utiliser : la méthode BMW (non non, ça n'a rien à voir avec les voitures, même si je t'ai parlé de kilomètres parcourus). Pour appliquer cette méthode, tu devras répartir ton objectif en 3 niveaux : Niveau 1 (B), Niveau 2 (M), Niveau 3 (W) :

B : Bien. Il s'agit ici de ton objectif satisfaisant. Celui sous lequel tu seras déçu.

M : Mieux. Voilà l'objectif top. Celui qui te rendra vraiment content si tu l'atteins.

W : Wahou ! Ton objectif ultime. Celui qui fera que tu te sentiras époustouflé par ta réussite.

Alors, à quel moment seras-tu satisfait de l'atteinte de ton objectif ?
Et à quel moment pourras-tu te dire que tu en es vraiment, vraiment content ?
Enfin, quand considéreras-tu que là, il n'y avait pas mieux, et que c'est simplement « Wahou » ?

À toi de jouer

Je prends le temps de déterminer mes critères de réussite :

Objectif concerné	Bien	Mieux	Wahou

BOOST DE CONFIANCE

Enfin, un dernier élément qui t'aidera très probablement à atteindre tes objectifs, est de bien penser à déterminer en amont la façon dont tu choisiras de te récompenser. Ça va t'aider à l'atteindre, mais aussi à retenir la sensation de réussite et à l'ancrer dans ton cerveau, pour te souvenir que tu es capable, et que oui, il t'arrive de réussir.

Ce sentiment te permettra ensuite d'enchaîner les succès, maintenant que tu sais que tu en es capable, et que tu sais exactement comment t'y prendre.

Alors, que vas-tu t'offrir une fois l'objectif atteint ? Un diner au restaurant, des chaussures, un moment entre copines, une séance de massage ?

À toi de jouer

Je prends le temps de réfléchir à la façon dont je compte me récompenser :

Objectif concerné	La récompense que je vais m'accorder

Manon Chaouche : La peur des entretiens

« Rien au monde ne rend l'homme malheureux comme la peur »[27]
Johann Friedrich von Schiller

Manon, 40 ans, gestionnaire comptable

Manon n'était pas très heureuse professionnellement.

Elle occupait le même poste depuis 15 ans, et celui-ci ne lui plaisait pas vraiment. Elle avait en plus un responsable très critique. Un autre aspect compliqué, c'est qu'il lui était très difficile de tisser des liens avec ses collègues, puisqu'aucun d'eux ne restait suffisamment de temps sur leurs postes, laissant ensuite rapidement leurs places à de nouvelles personnes. Ce turnover constant fatiguait beaucoup Manon, qui ne pouvait s'attacher à personne dans l'entreprise.

Du coup, elle allait généralement au travail le cœur lourd, déjà las à l'idée de la journée qui l'attendait, et elle patientait ensuite jusqu'à dix-sept heure pour pouvoir vite retourner chez elle. Elle avait nettement l'impression de perdre son temps.

---

[27] Citation attribuée à Johann Christoph Friedrich von Schiller (1759-1805), poète, écrivain et théoricien de l'esthétique.

Manon rêvait de changer de travail depuis de nombreuses années, mais elle avait une peur bleue de passer des entretiens.

Franchement, c'était plutôt compréhensible : la peur d'être jugée, de sembler ridicule, ou même de ne pas contrôler ses émotions, ses mots, et d'être amenée à dire ou faire pile ce qu'il ne faut pas…

C'était pour elle l'assurance d'être évaluée. Étant donné qu'elle n'était pas très confiante, le concept même d'être évaluée ne lui plaisait pas du tout. Elle était sûre qu'elle recevrait alors un retour négatif, jugeant et déstabilisant, qui allait impacter encore plus l'image peu valorisante qu'elle avait déjà d'elle-même.

Selon elle, cela faisait bien trop d'années qu'elle occupait le même travail, à la même place et de la même façon… Alors oui, elle en était convaincue, elle n'était absolument pas ce que recherchaient les recruteurs. Manon se disait qu'elle n'était probablement pas assez au courant des nouveautés et que compte tenu de son ancienneté sur le même poste, elle n'était pas capable de s'adapter ou d'apprendre de nouvelles méthodes. Les autres candidats seraient donc forcément plus performants et compétents qu'elle. Elle savait, sans l'ombre d'un doute, qu'elle ne pourrait pas réussir un entretien d'embauche.

Elle avait d'ailleurs tellement peur de se retrouver dans cette situation d'échec où son profil inintéressant lui serait renvoyé à la figure, qu'elle s'autosabotait avant même d'arriver à l'étape de l'entretien pour s'assurer qu'on ne lui en propose plus jamais.

Pour cela, elle était par exemple capable de couper les ponts avec toutes les personnes qu'elle connaissait qui pourraient lui proposer de la coopter[28]. De même, elle ne décrochait pas non plus son téléphone quand un recruteur l'appelait (même si c'était pour un poste auquel elle avait pourtant postulé) et elle oubliait ensuite de rappeler s'il laissait un message. Il lui arrivait même d'annuler au dernier moment les entretiens prévus, ou de ne carrément pas s'y rendre, sans prévenir. Elle laissait également apparaître quelques fautes d'orthographe dans le CV[29] qu'elle envoyait. Elle les avait vues, et elle se disait qu'elle allait les modifier un jour, mais ne trouvait jamais le temps de le faire. Pendant ce temps, elle continuait de l'envoyer tel quel, comme pour être considérée comme non rigoureuse et réduire les chances d'être contactée….

Elle voulait se convaincre qu'elle faisait le nécessaire pour changer de travail et améliorer son quotidien, mais que cela ne fonctionnait pas. Alors que c'était elle qui limitait ses chances à chaque fois, pour ne pas être confrontée à cette situation si désagréable d'être évaluée au cours d'un entretien d'embauche.

---

[28] Coopter : recommander une personne de son réseau pour un poste.

[29] CV : Curriculum Vitae. Il s'agit d'un document qui résume le parcours d'un candidat pour qu'il puisse ensuite le présenter lors de sa candidature à un poste.

Bien sûr, elle avait pleinement conscience qu'elle s'autosabotait, sans pour autant se sentir prête à arrêter de le faire. Et pendant ce temps, elle était professionnellement très malheureuse sur un poste qui ne lui plaisait pas et qui la faisait beaucoup souffrir.

Jusqu'au jour où elle a décidé que cela devait changer.

Après une journée bien ennuyeuse, Joe, sa meilleure amie de l'université, lui a envoyé un message pour lui raconter ses dernières aventures professionnelles. Elle allait encore changer de travail. C'est exactement ce moment qu'a choisi Manon pour se dire qu'elle en avait définitivement raz le bol, et qu'il était temps de se faire confiance. Elle devait, elle aussi, commencer à croire suffisamment en elle pour que les choses puissent changer dans sa vie professionnelle.

Elle a alors entamé son coaching.

Nous avons bien entendu commencé à travailler sur l'image qu'elle se renvoyait d'elle-même, pour qu'elle se rende compte de ses qualités, de ses compétences et de ses atouts. Nous avons également travaillé sur sa vision de l'entretien d'embauche, afin qu'elle puisse se rappeler qu'en fait, l'évaluation qu'elle redoutait tant se faisait bien dans les deux sens, et qu'aucune partie n'était favorisée par rapport à l'autre. Ensuite, nous avons trouvé des astuces pour la rassurer lors des entretiens en visio[30], et

---

[30] Visio : Technique associant la téléphonie et la télévision et qui permet la transmission de l'image en même temps que celle de la parole entre deux

d'autres astuces pour les entretiens en présentiel. En parallèle, nous avons bien sûr initié un travail sur ses peurs, en commençant par celles dont elle avait le plus conscience.

Elle avait peur d'être jugée, d'être rejetée, d'échouer... Et nous avons pu avancer en travaillant sur tout ça ensemble. Elle se sentait mieux. Sûre d'elle. Elle savait maintenant qu'elle avait beaucoup à apporter aux entreprises qui lui proposeraient un poste.

Et c'est là qu'elle a décroché des entretiens. Deux d'un coup. Elle ne s'était pas auto-sabotée cette fois, et avait réussi à obtenir et à confirmer les dates des rendez-vous. Le plus étonnant, c'est qu'elle n'avait pas peur. Elle savait que cela allait bien se passer parce que cette fois, elle était prête.

Sans surprise, c'est exactement ce qui est arrivé. Elle a assuré pendant les entretiens et a très rapidement été rappelée pour poursuivre le processus de recrutement. Manon gagnait en confiance en elle et savait maintenant qu'elle était désirée sur le marché du travail. Elle savait également qu'elle avait le choix.

Une fois les deux processus de recrutement terminés, elle a été amenée à choisir entre les deux opportunités. La Manon d'avant aurait eu beaucoup de difficultés à choisir, mais c'est assez facilement qu'elle a pu prendre sa

---

correspondants. Cette technique peut être utilisée lors des échanges personnels ou professionnels, et pendant les entretiens d'embauche, pour se voir et échanger à distance.

décision. Ça faisait des années qu'elle rêvait de changer de travail, et elle avait fait un point suffisamment profond pendant son coaching pour savoir précisément ce qu'elle voulait. Son travail fait sur elle ces dernières semaines lui permettait d'y voir clair, de comprendre ses envies, ses besoins, de même que ses limites, celles qu'elle ne voulait pas atteindre. La décision a donc été facile à prendre.

Elle a accepté le poste tant espéré et elle a signé sa promesse d'embauche dans les jours qui ont suivis. Elle savait que ce poste était fait pour elle.

Pourtant, au moment de remettre sa lettre de démission à son responsable actuel, elle a été prise d'une vague de panique intense et n'a pas réussi à aller au bout.

Incroyable ! Elle avait réussi à passer des entretiens pour le job de ses rêves, elle était prise, elle avait signé et… Elle n'arrivait pas à démissionner.

Elle a essayé toute la semaine qui a suivi de se forcer à aller le voir, sans succès. Elle n'en dormait pas la nuit à force d'élaborer des stratégies diverses et variées pour lui annoncer sa décision et lui remettre son courrier. Elle savait comment faire mais renonçait toutefois chaque jour à le faire.

C'est là qu'elle a compris. Grâce à tout ce qu'elle se notait au quotidien, elle a compris ce qui bloquait. Elle a compris qu'il lui restait une peur bien présente que nous n'avions pas encore travaillée.

C'était sa peur de l'insécurité financière.

Quitter ce travail, pour aller tenter sa chance ailleurs impliquerait forcément une période d'essais. Et elle avait très peur de se lancer dans cette nouvelle aventure sans garantie de conserver la sécurité financière qu'elle avait acquise dans son poste actuel.

Elle savait qu'elle avait les compétences, elle savait qu'elle les convaincrait professionnellement, mais elle ne savait pas de quoi demain serait fait. Elle ne savait pas par exemple si l'entreprise allait conserver ce nouveau poste, ou si elle ne serait pas amenée à le supprimer pour des raisons de coupes budgétaires. Elle ne savait pas non plus si elle n'allait pas tomber malade pendant sa période d'essais, ce qui pourrait donner envie à son nouveau responsable de mettre un terme à leur contrat.

En fait, elle ne pouvait pas garantir sa situation avec un contrat qui contenait une période d'essais et le fait de ne pas savoir de façon certaine si elle pourrait continuer à subvenir à ses besoins l'angoissait terriblement.

Heureusement que maintenant, elle se sentait capable de comprendre quelles étaient ses peurs, et qu'elle savait exactement comment les travailler pour que ça ne la limite plus dans ses actions et dans sa vie.

C'est comme ça que pendant nos séances suivantes, nous avons décidé de travailler sur celle-ci, pour qu'elle puisse sereinement quitter son job actuel tout en retrouvant ses nuits tant nécessaires à son bien-être.

Ce nouveau travail, elle le voulait. Et il était hors de question pour elle que sa peur de l'avenir et de manquer d'argent prenne le dessus sur elle et sur sa vie. Elle s'était déjà bien trop limitée dans le passé et ce n'était plus ce qu'elle voulait.

Vu comme elle était décidée, il n'a pas été difficile de mettre le doigt sur ce qui l'effrayait autant, et de le faire disparaitre, ou en tout cas d'atténuer fortement cette peur, afin qu'elle lui serve à rester raisonnable, sans qu'elle la limite dans ses actions pour atteindre ses objectifs. Elle voulait être en sécurité, en s'autorisant à vivre pleinement, et c'est ce qu'elle a fait.

Après quelques jours, Manon a pu remettre sa démission à son responsable sans angoisse et informer son nouvel employeur de la date de démarrage de son nouveau contrat. Elle a même osé s'accorder quelques jours, entre les deux contrats, pour prendre des vacances bien méritées avec des amies.

Manon était libérée. Libérée de ses peurs, libérée de ses angoisses, et libérée de cette prison qu'elle s'était formée pour éviter toute prise de risque dans son quotidien.
Elle disait avoir « ouvert des portes incroyables sur sa vie » !

Quel plaisir !

> **Pour y arriver, on s'est appuyé sur trois exercices principaux :**
>
> 1. L'ancrage dans l'instant
> 2. La prise de décisions
> 3. La gestion de ses peurs
>
> Et je compte bien tout t'expliquer dès maintenant !

L'ancrage dans l'instant

« Rien n'a plus de valeur qu'aujourd'hui »[31]
Johan Wolfgang Von Goethe

Tu t'es déjà retrouvé complètement immobilisé par la peur ? Tu sais, ce moment où tu dois prendre la parole devant des gens, faire un pas à gauche pour ne pas te faire bousculer, oser dire non ou demander une promotion, ou encore passer un entretien d'embauche comme dans l'exemple de Manon ?

Ce moment où tu sais que tu dois agir, mais que tu ne bouges pas, tu ne dis rien, tu es totalement perdu et une partie de toi ne sait même plus ce que tu fais ici ?

Je te rassure si ça t'est arrivé, c'est entièrement normal. La première réponse à la peur est souvent l'immobilisation. Bien sûr, je compte bien te partager quelques astuces pour remédier à ça.

---

[31] Citation de Johan Wolfgang Von Goethe (1749-1832), dans son roman *Les Années d'apprentissage* de Wilhelm Meister, paru en 1795.

D'abord, on va parler d'ancrage.

Ici, il s'agira de ne pas te focaliser sur ce qui te fait peur : « il va me juger », « ils voient que je suis imparfait »… Mais plutôt sur ce qui se passe réellement.
Prends conscience de tout ce qui t'entoure. Sans interprétation. Juste les faits : il y a neuf personnes avec des lunettes dans le public, les murs sont bleus, ça sent le pain chaud, il y a tel type de plantes dans la salle… Du concret. Quelque chose qui ne t'incitera pas à en déduire autre chose d'encore plus effrayant ou qui soit interprétable, juste des faits.

Tu l'as compris, la première option que je t'ai proposée sert à faire abstraction de ce qui te terrorise pour te concentrer sur ce qui se passe vraiment, sur toi et sur tes actions. Maintenant, je vais te proposer une seconde action à mettre en place pour réenclencher le mouvement.

Cette deuxième étape est nécessaire pour sortir de l'immobilisation, surtout quand tu dois agir vite. Il se trouve que tu es temporairement coincé, ce qui va probablement te nuire, alors il faut absolument retrouver la notion de mouvement. Mon conseil est de commencer petit. Par exemple, si tu ne te sens pas capable de prendre la parole devant plusieurs personnes, et que tu te figes, rappelle simplement à ton cerveau que tu peux agir, que c'est toi qui décides ce que tu peux faire ou non. Que tu as la main. Et si on commençait par ta main justement ? Commence par bouger quelques doigts, juste pour reprendre le contrôle sur ce qui se passe et sur ce que tu fais. Tu verras, en initiant ce minuscule mouvement, le reste va pouvoir bouger de nouveau, et tu pourras passer à l'action et retrouver le son de ta voix pour cette fameuse prise de parole, quel que soit le nombre de personnes qui t'écoutent.

Voilà déjà deux actions que tu peux mettre en place à chaque fois que la peur prend le dessus. Pour te rappeler où tu es, ce qu'il y a autour de toi, ce sur quoi tu peux t'appuyer et t'ancrer, et bien sûr, pour pouvoir reprendre le contrôle sur tes actions et sortir de l'immobilisation.

Enfin, ça vaudrait le coup que tu travailles directement sur tes peurs, alors on y reviendra.

La prise de décisions

« Prenez vos décisions en fonction d'où vous allez, pas en fonction d'où vous êtes »[32]
James Arthur Ray

Prendre une décision n'est pas une chose facile. On ne sait pas toujours comment s'y prendre et il est parfois très dur de se détacher de la fameuse question « et si je prenais la mauvaise décision ».

Alors déjà, moi, j'aimerais te rassurer. Tu prendras la bonne décision. Celle que tu pouvais prendre à l'instant précis, avec les informations dont tu disposais, avec le temps qui t'était impartis pour la prendre et avec tes émotions du moment. Il n'y a aucune raison de culpabiliser ensuite en te disant que tu aurais dû en prendre une autre, puisque tu ne le pouvais pas.

On fait avec ce qu'on a : les informations, le temps, le contexte et tous les biais cognitifs[33] qui nous influencent. Et bien sûr, on fait avec nos émotions, notre personnalité, nos envies, nos besoins, nos valeurs à cet instant précis… Alors oui, à un autre moment, on aurait peut-être pris une autre décision, c'est vrai. Peut-être parce qu'on aurait changé, qu'on aurait davantage d'informations, qu'on aurait une autre vision, peu importe. Le fait est qu'au

---

[32] Citation attribuée à James Arthur Ray, homme d'affaires américain d'entraide, conférencier motivateur et auteur.
[33] Biais cognitif : raisonnement rapide qui nous pousse à prendre une décision hâtive. Le cerveau emprunte un raccourci pour traiter une information en quelques minutes, voire quelques secondes. Cette partialité cognitive est influencée par des préjugés.

moment où on prend notre décision, on ne la prend pas pour rien. Tout ça pour te dire que tu n'as pas à avoir peur de prendre la mauvaise décision, tu prendras la bonne.

Maintenant que ça, c'est dit, si tu finis quand même par la regretter, alors rassure-toi : tu peux modifier les choses. Tu as choisi la mauvaise formation pour te former, change ! Tu as choisi une personne non qualifiée pour un poste, forme-la ou change de personne ! Tu as choisi le mauvais travail, essaie de modifier ce que tu as ici pour te rapprocher de ce que tu veux, ou là encore, change de travail ! La plupart du temps, tes décisions sont réversibles. Je veux dire que tu pourras changer d'avis plus tard si besoin. Mais d'abord, tu dois laisser une chance à ta première décision. Y croire suffisamment pour lui laisser une chance d'être la bonne. Tu dois croire en ce que tu auras décidé, et avoir suffisamment confiance en toi pour te dire que c'était ok.

Pour ça, tu as sûrement besoin d'une méthode à suivre. Une méthode qui te confirmera que tu as bien tout pris en compte et qui te permettra ensuite d'assumer ta décision.

On peut commencer par cette bonne vieille solution qui consiste à réunir un maximum d'informations, et à peser le pour le contre. Et on compare les options ensuite.

Par contre, pour que ça marche, tu ne devras pas oublier l'essentiel : repenser à ton objectif initial. Quand tu veux changer de job parce que tu as trop de trajet, et que tu trouves une entreprise qui a énormément de points positifs, avec un meilleur salaire, des meilleures conditions, un intérêt plus fort, mais que c'est encore plus loin… Il y a de fortes chances que ta liste des « pour » soit plus longue, mais que si tu optes pour cette décision, ton insatisfaction perdure puisque tu n'auras pas du tout réglé le problème que tu cherchais à résoudre en changeant de job.

Alors peser le pour et le contre, oui, mais sans oublier ton objectif de base pour vérifier si tu es toujours aligné à tes objectifs, tes besoins, tes envies, tes limites ou même tes valeurs.

Demande-toi systématiquement : « quel était mon but initial ? » Tu choisiras plus facilement tes tenues, le sujet à aborder à ta prochaine réunion, le travail qui te convient le mieux, quelle activité prioriser sans culpabiliser…

Enfin, la dernière étape pour que ça fonctionne, ça va être d'assumer ta décision. Je t'ai déjà conseillé d'y croire, pour lui laisser une véritable chance. Mais tu devras aussi l'annoncer avec assurance si tu ne veux pas que quelqu'un puisse te faire douter.

En général, on ne fait douter que ceux qui montrent qu'ils doutaient déjà.

Ce que je veux dire, c'est que c'est quand tu montres que tu n'es pas sûr de toi que ton entourage, voyant cette faille, va s'y engouffrer pour te demander s'il y a d'autres options, si c'est vraiment la meilleure solution, si ce n'est pas mieux de faire autrement... Loin d'eux l'idée de te faire du mal, mais sentant ton trouble, ils vont t'aider à chercher des solutions. Et c'est là que le doute s'installera encore plus et que tu risques de t'auto-saboter sur ta décision initiale. Quel dommage. On repart donc à zéro…

Pour éviter cela, il est important que tu aies l'air sûr de toi. Que tu sois aligné à ta décision, que tu saches pourquoi tu la prends et que tu l'annonces sans montrer d'hésitation.

Tu t'en sens capable ?

Pour te rassurer, avant de l'annoncer, rappelle-toi toujours pourquoi tu l'as prise. Rappelle-toi ce qui t'a fait exclure l'autre option, et reste ferme dans le ton que tu utilises. Pas de point d'interrogation à la fin de ta phrase, juste un point. « Voilà ce que j'ai décidé et je suis ravi de cette décision ». C'est ce que tu dois croire, et c'est ce que ton interlocuteur doit entendre.

La gestion de ses peurs

« La peur a détruit plus de choses en ce monde que la joie n'en a créées »[34]
Paul Morand

Gérer ses peurs est un bien grand mot. Tu ne vas pas, à proprement parler, GÉRER tes peurs. Ce que tu vas surtout faire, c'est apprendre à les conscientiser, à les comprendre, à vérifier si elles sont vraiment aussi terribles que ce que tu t'imaginais, et tu vas bien sûr apprendre à agir sur tes réactions et actions face aux peurs qui persistent.

Je vais te proposer plusieurs exercices pour te permettre de faire ça sereinement.

Déjà, nos peurs étant généralement liées à notre peur de l'inconnu, l'un des exercices qui fonctionnera très bien, et que je t'ai déjà expliqué, c'est la visualisation. En prenant le temps de visualiser, d'imaginer la scène dans laquelle tu passes à l'action avec le plus de détails possibles, tu feras croire à ton cerveau que la scène a déjà eu lieu, et donc que tu as déjà géré ça. Cela pourra t'aider à dépasser ta peur pour te permettre de revivre ce moment très sympa que tu te seras imaginé dans ta tête.

Ensuite, un autre exercice déjà vu ensemble sera l'exercice de cohérence cardiaque, pour t'aider à te détendre et à

---

[34] Citation de Paul Morand, diplomate et écrivain français dans *Eloge du repos*, publié en 1937.

approcher les choses avec le plus de sérénité possible. Pour rappel, il s'agit ici de respirer pendant cinq minutes, en alternant cinq secondes d'inspiration et cinq secondes d'expiration.

Ces deux exercices, on les a déjà vus ensemble, donc il est temps que je t'en présente deux nouveaux.

Le premier consistera tout simplement à répondre, en détails, à tous les fameux « et si » que tu te poses. Répondre à ces questions te fera très souvent te rendre compte que finalement, même si ce que tu craignais arrive, ce n'est peut-être pas si dramatique et que les conséquences ne sont pas si importantes ni si durables que tu l'imaginais. De même, ça pourrait te donner l'occasion de prévoir des plans de secours, ce qui pourrait s'avérer très utile.

Alors au lieu d'avoir peur et d'angoisser face à tous ces « et si » au point d'essayer de les éviter, pourquoi ne pas en faire des alliés, qui t'aideront à rendre tes projets possibles ? En imaginant tous les scénarios, tu auras des solutions toutes trouvées, tu auras imaginé toutes les options, et tu pourras même choisir ce qui te convient le mieux finalement. Choisir de répondre à ces questions que tu te poses sera souvent une bien meilleure option que de les éviter et d'essayer de ne pas y penser.

Voici des exemples de questions que tu te poses peut-être et qui méritent d'être creusées :

À toi de jouer

Je prends le temps de creuser mes potentielles inquiétudes :

Et si ça ne marchait pas ?	
Et si je me trompais ?	
Et si je le faisais mal ?	
Et si on me jugeait ?	
Autre question que je me pose ?	

Et je t'invite même à compléter tes questions par celles-ci :

À toi de jouer

Je prends le temps de creuser encore plus mes potentielles inquiétudes :

Combien de temps cela me nuira-t-il ?	
Est-ce que ce sera rattrapable ?	
Quels sont les risques (ou les conséquences) pour moi si je ne tente pas l'expérience ?	

Répondre à toutes ces questions t'évitera de diaboliser l'échec et tu te rendras souvent compte que ce qui te fait peur n'est finalement pas si effrayant quand on ose réellement se pencher sur le sujet.

Bien sûr, pour que ça marche, je t'invite à y penser, mais aussi à le verbaliser, que ce soit à l'oral ou même à l'écrit, pour voir ou entendre ce que tu suggères. Pour visualiser les mots, et donc les faits, et pouvoir ainsi mieux les ancrer et te préparer à la suite des évènements.

Enfin, le dernier exercice que je te propose est légèrement plus complexe. Il va te demander une gymnastique de l'esprit qui ne nous est pas vraiment naturelle en général. C'est aussi souvent l'exercice qui fait le plus la différence sur notre capacité à passer à l'action ensuite malgré nos peurs initiales.

Avant de t'expliquer l'exercice à faire, il est essentiel que je t'explique une ou deux notions sur lesquelles on va s'appuyer pour réussir à travailler sur nos peurs.

D'abord, je voudrais t'expliquer un point fondamental, qui est que nos peurs sont souvent alimentées par nos croyances. Je ne parle pas des croyances religieuses, mais bien de celles qu'on développe tout au long de notre vie. Par exemple, on pourrait partir d'une croyance bien connue selon laquelle l'argent rendrait heureux mais qu'il n'est pas facile à gagner. Ce qui alimenterait une peur, celle de manquer d'argent. En général, ce genre de croyances vient d'une éducation ou d'un environnement dans lequel l'argent permettait de débloquer beaucoup de situations, ou au contraire, d'un environnement rempli de problèmes dont le manque d'argent, et où on aurait relié les deux évènements. Le truc avec les croyances, c'est qu'elles deviennent souvent vraies.

Par exemple, j'ai peur de manquer d'argent et je suis sûre que c'est dur d'en gagner, donc je panique dès qu'il y a un enjeu financier, je fais donc les mauvais choix et je perds de l'argent. Convaincu que mon bonheur dépend de cet argent, je déprime et ma croyance selon laquelle l'argent est nécessaire à l'épanouissement devient alors réelle. En gros, j'ai tellement peur de manquer, que je panique, ce qui me fait faire des choix non raisonnés et me met en situation d'échec financier, me rendant ainsi malheureux. En d'autres termes, ce qu'on imagine influence nos émotions, et donc nos actions, ayant un impact direct sur le résultat.

Il est donc important d'influencer directement nos croyances pour agir sur chaque étape et donc sur le résultat qu'on va obtenir.

Autre chose que j'aimerais t'expliquer, c'est cette fameuse loi de l'équilibre, qui part du principe que dans la vie, tout est neutre. Bien sûr, il y a des moments où tu trouveras une situation difficile, où tu n'y verras que des inconvénients, mais selon cette loi, il y aurait en fait autant de positif que de négatif à toute situation. À toi de voir si tu as envie d'y croire bien entendu.

Allez, c'est parti, je t'explique comment faire ça :

La première étape va consister à identifier clairement ta peur. Pas approximativement, mais vraiment. De quoi as-tu peur ici ? Par exemple :

<u>J'ai peur de manquer d'argent</u>

L'étape suivante revient à imaginer quel est l'opposé de cette peur :

<u>Être très riche</u>

Enfin, tu vas devoir imaginer quels sont les avantages à vivre ta peur et les inconvénients à vivre l'opposé de ta peur. Cette étape est bien la plus difficile puisqu'elle t'impose de réfléchir totalement à l'opposé de ce que tu as toujours pensé.

<u>Les avantages à manquer d'argent sont :</u>

- Je vivrai plus simplement.
- Avec moins de choses, ma vie sera plus ordonnée.
- Je vivrai davantage dans l'instant.
- Je ne me laisserai pas influencer par les besoins des autres.
- Je vais être soutenue par mon entourage.

<u>Les inconvénients à être riches sont :</u>

- Je ne saurai pas si mes relations sont sincères ou intéressées.
- J'accumulerai beaucoup de choses, ce qui ne correspond pas à mes valeurs.
- J'apprécierais moins de choses en ayant tout trop facilement.
- J'aurais tendance à vouloir aider tout le monde, en me laissant de côté.
- Les gens méprisent souvent les riches, je vais donc être critiqué.

- *J'aurai certainement des problèmes de plus grande ampleur à gérer (investir, prêter, aider…).*

C'est à toi de voir ce que tu peux mettre dans quelle partie, mais tu devras en trouver au moins vingt-cinq au total. Ça peut être dix au début et quinze dans le deuxième. Ou même l'inverse, peu importe. L'idée est que tu réfléchisses à l'envers. Que tu imagines ce que tu idéalisais pour te rendre compte que ce n'est pas si génial, et que tu imagines ce que tu diabolisais pour te rendre compte qu'il peut aussi contenir des choses sympas.

Je te laisse essayer de ton côté :

À toi de jouer

Je prends le temps de fragiliser mes peurs :

Quelle est ma plus grande peur ?	
Quel est l'opposé de cette peur ?	
Quels sont les avantages de ce qui me fait peur ?	
Quels sont les inconvénients de l'opposé de ma peur ?	

Devenir confiant implique 5 révélations

« C'est l'image que nous avons de nous-mêmes qui fait notre destin »[35]
Nathaniel Branden

Toutes ces femmes avaient un certain nombre de points communs avant de commencer leur coaching. Le premier, c'est qu'aucune d'elles n'était suffisamment heureuse. Cela se traduisait par différents symptômes qui les gênaient plus ou moins, mais une chose est sûre, c'est qu'elles ne menaient pas la vie qu'elles auraient voulu mener.

L'une ne savait pas qui elle était ni quel chemin elle devait prendre ;
L'autre ne se sentait pas appréciée pour ce qu'elle était, et ne gérait pas ses réactions face à ça ;
Une autre se sentait invisible et inintéressante ;
Une autre, perfectionniste et exigeante avec elle-même, n'atteignait pas ses objectifs et vivait sous pression ;
Et la dernière ne se permettait pas d'avancer, retenue par toutes ses peurs.

---

[35] Citation attribuée à Nathaniel Branden (1930-2014), psychotérapeuthe et écrivain.

Chacune à sa façon s'empêchait d'atteindre l'épanouissement. Jusqu'à ce qu'elles réalisent finalement que leurs problématiques se reliaient par un autre point commun : elles manquaient toutes, à leur manière, de confiance en elle.

Un jour, elles ont décidé que cela devait changer. Et c'est bien le troisième point commun qui a fait la différence entre leur histoire et celle de ceux qui n'atteignent pas leurs objectifs : elles étaient déterminées à faire bouger les choses.

Cela devait changer, et elles étaient prêtes à faire ce qu'il fallait pour ça.

Ce travail sur elles-mêmes a nécessité d'y consacrer du temps quotidiennement, d'accepter de se remettre parfois en question, de vivre certains moments inconfortables avec de nombreux passages à l'action, mais globalement, ça a surtout été vécu comme une sorte de libération.

D'ailleurs, pour la plupart d'entre elles, je crois que rien que le moment clé où elles se sont engagées dans un accompagnement a été la première fois où elles ont senti cette fameuse libération. Celle qui leur laissait entendre que ça y est, elles étaient prêtes à laisser tous leurs blocages derrière elles, et à avancer. Celle qui leur disait : ça y est, tu vas enfin pouvoir prendre les rênes de ta vie.

Le bonheur qu'elles ont ressenti, tout comme le résultat qu'elles ont atteint, je te l'ai déjà expliqué à travers leurs histoires. Ce que j'aimerais te décrire maintenant, ce sont les premiers points qu'elles ont toutes dû réaliser avant de pouvoir accepter et atteindre leur transformation.

Je vais te parler de 5 éléments en particuliers, qui, une fois intégrés, étaient devenus les piliers de leur avancement et de leur nouvelle confiance en elles.

BOOST DE CONFIANCE

La confiance en soi peut te mener à la réussite

« La confiance est un élément majeur : sans elle, aucun projet n'aboutit »[36]
Eric Tabarly

Le premier point à intégrer avant de se lancer dans cet objectif de confiance en soi, c'est bien de réaliser ce à quoi ça va nous servir. Si tu n'es pas déjà au clair sur ça, je ne vois pas pourquoi tu irais jusqu'au bout.

Ça peut donc valoir le coup que tu te poses quelques minutes pour te rappeler pourquoi tu veux, aujourd'hui, devenir plus confiant ?

Voici quelques questions qui pourront peut-être t'aider :

---

[36] Citation d'Eric Tabarly, navigateur français, dans *Mémoires du large*, paru le 4 juin 1997.

À toi de jouer

Je prends le temps de comprendre pourquoi et comment je veux devenir confiant :

En quoi mon manque de confiance en moi me limite ou me nuit aujourd'hui ?	
Quelles sont les conséquences de cette nuisance sur ma vie en général ?	
Qu'est-ce que je ferai différemment le jour où je deviendrai confiant ?	
Qu'est-ce que j'attends concrètement de ma transformation ?	
Qu'est ce que je suis prêt à faire pour que cette transformation devienne réelle ?	
A quel moment est-ce que je pourrai me définir comme quelqu'un de confiant, selon moi ?	
Quelle sera la récompense que je vais m'offrir quand j'aurai atteint mon objectif de confiance ?	

Je t'invite à te poser ces questions puisque les raisons qui nous poussent à nous rapprocher de la confiance en soi ne sont pas toujours les mêmes pour tout le monde.

Comme beaucoup de monde, tu vises certainement une sorte de réussite en devenant confiant, et je te comprends. C'est vrai qu'on entend souvent que devenir confiant peut nous mener au succès, ce qui est vrai bien sûr. Cependant, cette notion de réussite est très vague et elle n'est pas forcément la même chez tout le monde. Elle est même très différente selon les personnes, crois moi. Il est donc important que chacun sache de quoi il parle quand il évoque la réussite et qu'il cherche à l'atteindre. C'est bien ça qui lui permettra de rendre tout le reste concret.

Est-ce qu'il s'agit du fait d'atteindre des objectifs chiffrés professionnellement ? Ou d'atteindre un statut, un titre de poste ou un salaire dans le cadre de sa carrière ? Est-ce qu'il s'agit d'amener sa famille à un certain confort financier (si oui, lequel exactement ?) ? Peut-être que l'objectif est plutôt lié à davantage d'épanouissement, de sérénité, de bien-être ? Ou encore à l'accès à de meilleures relations avec son entourage ?

Et toi, peux-tu définir la réussite que tu vises, selon tes propres critères ?

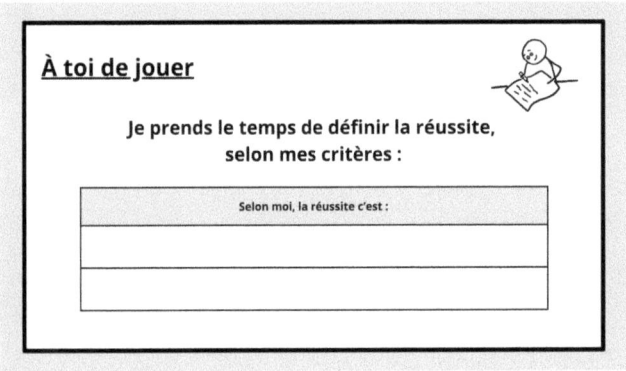

Quel que soit l'objectif que nous visons, la confiance en soi sera un pilier sur lequel on pourra se reposer pour l'atteindre. Croire en soi, croire en nos projets, croire qu'ils peuvent devenir réels, c'est souvent ça qui va nous aider à trouver des solutions pour les atteindre.

Tu as déjà peut-être entendu cette formule de Mark Twain, assez connue, qui dit : « Ils ne savaient pas que c'était impossible, alors ils l'ont fait »[37]. Tu t'en doutes, j'ai

---

[37] Citation attribuée à Mark Twain (1835-1910), écrivain, inspirée de l'ouvrage de Marcel Pagnol (1895-1974) *La cinématurgie de Paris – César – Merlusse*, paru en 1967.

toujours adoré cette façon de voir les choses et c'est celle que je t'encourage à avoir le plus souvent possible. Si tu as le sentiment qu'atteindre ton objectif est impossible, ou que tu doutes pendant le processus, alors tu t'imposeras un million de barrières imaginaires, qui viendront te freiner jusqu'à ce que tu finisses par abandonner, n'y croyant plus assez. Alors on va plutôt raisonner autrement. Tu as un objectif à atteindre ? Pars du principe qu'il est possible de l'atteindre, et tu trouveras les solutions pour y arriver. Voilà l'état d'esprit qui te mènera à la réussite de tes objectifs, quels qu'ils soient.

BOOST DE CONFIANCE

Ne compte pas que sur ta motivation

« Beaucoup d'échecs viennent de personnes qui n'ont pas réalisé à quel point elles étaient proches du succès lorsqu'elles ont abandonné »[38]
Thomas Edison

Nous venons de le voir, connaître la raison qui te pousse à devenir confiant, connaître tes objectifs et ce que tu aimerais pour ta vie, sera la clé qui t'aidera à initier le changement qui te mènera à cette confiance en toi. C'est aussi ce qui te rappellera régulièrement pourquoi tu fais tout ça, lors de moments de doutes. En d'autres termes, c'est ce qui va te motiver.

Malheureusement, cela ne sera pas suffisant.

Je suis vraiment convaincue que la motivation est quelque chose de formidable. C'est souvent ce qui te donne le coup de pied aux fesses dont tu avais franchement besoin pour initier le changement. C'est aussi ce qui te donne l'énergie, le coup de boost et l'envie d'aller plus loin à de nombreuses reprises.

Mais le gros problème avec la motivation, c'est que ça va, et ça vient.

Cette émotion est très passagère et n'est absolument jamais acquise. Il y a des jours où on est archi motivé à

---

[38] Citation attribuée à Thomas Edison, Homme d'affaire, Inventeur (1847-1931).

Devenir confiant implique 5 révélations

atteindre nos objectifs, et d'autres où l'on n'y croit plus et où on ne sait même plus si ça vaut vraiment le coup... Et c'est souvent pendant ces phases de doutes, qu'on appellera des phases de down, qu'on abandonne nos projets pourtant si bien lancés.

Il nous faut donc une solution pour tenir durant ces phases de down. Quelque chose qui fasse qu'on continue nos efforts, quel que soit le niveau de notre motivation. Et c'est là que la discipline devra intervenir. Ce truc qui va faire que tu vas poursuivre tes efforts, parce que tu l'as décidé, et qu'après tout, c'est toi qui décides non mais ho ! Ce truc qui fait que tu ne te laisseras pas avoir par ton niveau d'énergie, les critiques ou le jugement des autres, le temps qu'il fait, ou tout autre élément qui pourrait jouer sur ta motivation. Ce truc qui va faire que tu vas continuer à avancer, coûte que coûte, pour respecter l'accord que tu as conclu avec toi-même.

BOOST DE CONFIANCE

Tu as dû t'en rendre compte dans les histoires racontées au début de cet ouvrage, il y a toujours un moment où le doute revient. Temporairement, mais il revient. Souvent du fait d'un évènement non anticipé, ou de l'action d'une personne extérieure, mais cela peut aussi tout simplement venir de nous et d'une baisse de motivation. Le fait est que le doute peut revenir à tout moment. Et sans discipline, sans tout le travail fait quotidiennement en amont, on pourrait être tenté de le laisser gagner. Mais heureusement, et c'est d'ailleurs ce que chacune de ces femmes nous a montré, ce n'est pas ce qui se passe quand on a les outils, et qu'on a déterminé en avance ce qu'on devait faire face à ces périodes de down, pour faire revenir la motivation temporairement en fuite.

La clé de l'ancrage de notre confiance en nous, et donc le fait qu'elle perdure sur le long terme, y compris après avoir fini le plus gros de notre travail sur nous, réside dans la discipline. Et cette discipline, tu pourras notamment l'instaurer en introduisant des routines dans ton quotidien pour t'obliger à travailler sur toi et ta confiance en toi un peu tous les jours. En d'autres termes, tu devras, chaque jour, faire au moins cinq ou dix minutes d'exercices en lien avec ta confiance en toi. Tu ne devras rien lâcher, même si tu pars quelques jours en vacances, ou que tu vas vivre un évènement plus difficile, pour justement les ancrer à ton quotidien, quel qu'il soit, et parer ainsi à toutes les éventualités que tu pourrais être amené à rencontrer dans le futur.

La meilleure façon de faire preuve de discipline au démarrage, c'est bien souvent de te bloquer des créneaux

Devenir confiant implique 5 révélations

qui y seront réservés. Comme ça, tu ne te laisses pas avoir par le quotidien qui a souvent tendance à nous rouler dessus si on n'y fait pas attention. À toi de voir quand il te parait pertinent de les bloquer. Peut-être que c'est tout de suite au réveil, pour être sûr que ce soit fait, ou juste avant de te mettre au lit, le soir, pour bien clôturer ta journée avant de dormir ? Ça peut aussi être associé à un moment précis, comme le moment où tu te prépares, ou pendant ton café de l'après-midi, voire même durant ton trajet de retour en train après le travail. C'est à toi de définir le moment qui te correspondra le mieux et qui sera le plus facile à respecter, selon ton rythme.

Je te laisse y réfléchir, et t'engager juste ici, sur le créneau que tu voudras y consacrer :

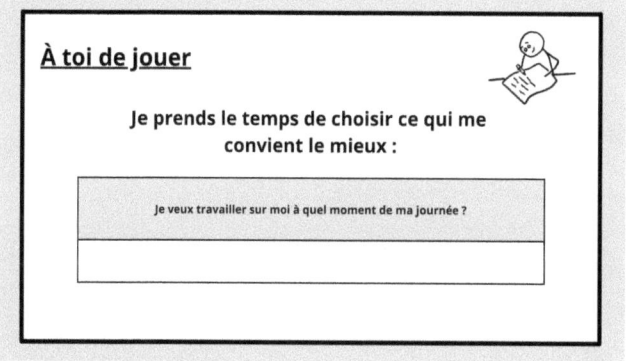

BOOST DE CONFIANCE

Tu es responsable de ta vie

« La vie est le matériau brut. Nous sommes les artisans. Nous pouvons faire de notre existence quelque chose de magnifique ou d'affreux. Notre destin est entre nos mains »[39]
Cathy Better

Il y a encore autre chose que ces femmes ont toutes comprises, et que je t'encourage à intégrer le plus vite possible pour gagner en confiance en toi et prendre les rênes de ta vie. Je préfère te prévenir, cette prise de conscience peut paraître un peu inconfortable au début, mais elle peut ensuite provoquer un véritable soulagement pour le reste de ta vie. La révélation en question est la suivante : Tu n'as rien à subir, c'est à toi de choisir.

Une fois que ça, ce sera intégré et que tu comprendras que c'est toi le seul responsable de ta vie, et donc que ton bonheur dépend uniquement de toi et de personne d'autre, tu verras que ta vie prendra un chemin beaucoup plus agréable.

Quand on arrête de reprocher aux autres ce qui nous arrive et qu'on décide de mettre des choses en place pour faire évoluer ce qui ne nous convient pas, on se donne enfin la possibilité d'accéder à l'épanouissement. Et quelle fierté en plus, d'atteindre ce bonheur, quand on se rend compte que c'est tout simplement grâce à nous qu'on en est arrivé là.

---

[39] Citation attribuée à Cathy Drinkwater Better, Auteur d'ouvrages pour la jeunesse.

Devenir confiant implique 5 révélations

Tu n'as pas besoin de choisir entre toi et tes proches

« Être soi-même permet de se respecter et quand on se respecte, on respecte généralement les autres »[40]
Guy Marc Fournier

Un autre point que ces femmes ont compris, et que j'aimerais te faire réaliser à l'aide de ce livre, c'est que tu n'as aucun besoin de choisir entre toi et tes proches.

Devenir confiant n'a rien à voir avec le fait de rejeter les autres, loin de là. Et tu n'es pas non plus obligé de te mettre toi de coté pour avoir de bonnes relations avec les autres et pour qu'ils t'apprécient. Crois moi, tu n'as pas à choisir entre toi et les autres, tu peux tout à fait avoir les deux. C'est même très fortement recommandé.

Si tu en doutes encore, j'ai bien envie de te rappeler quelques éléments qui t'aideront à le comprendre:

Tout d'abord, aimer qui tu es, et le mettre en avant ne fera jamais de toi quelqu'un de prétentieux ou de mal-aimé. Ça donnera simplement envie aux autres d'en faire autant, et d'apprendre à te connaître pour te découvrir un peu plus. Tu as déjà vu un livre se vendre avec écrit sur la couverture qu'il était moins bien que les autres, mais qu'il avait l'avantage de valider tout ce que tu penses ? Moi non. Quel intérêt, franchement ? Par contre, des livres qui

---

[40] Citation de Guy-Marc Fournier, journaliste et romancier canadien, dans *L'autre pays*, paru en 1978.

te disent être passionnants, incroyables, étonnants… Ça, ça donne envie d'être lu. La meilleure façon de bien s'entourer, c'est finalement d'être convaincu que notre compagnie est agréable. Tu dois d'abord y croire toi-même.

Ensuite, le fait de se connaître et se comprendre nous aide à mieux comprendre et à mieux connaître les autres. Quand tu prends le temps de comprendre ce qui te met en colère, ce qui compte pour toi, ce qui te gêne… Et que tu arrives à accepter tout ça, ça t'ouvre sur le fait qu'on ne fonctionne pas tous de la même façon. Le raisonnement d'ouverture et d'acceptation que tu as eu avec toi, tu pourras l'avoir aussi beaucoup plus facilement avec les autres. Tu les comprendras mieux, et tu sauras mieux comment leur parler, comment les impacter, comment être là pour eux, mais aussi comment leur faire comprendre ce dont tu as besoin de leur part dans votre relation.

J'aimerais aussi te rappeler que s'entourer et accepter de l'aide n'est pas un signe de faiblesse. Quand on prend en confiance, on croit parfois à tort qu'on doit le faire seul. Qu'on doit se prouver à soi-même qu'on est capable de tout, sans l'aide de personne. On oublie souvent que l'une de nos plus grandes forces, c'est notre entourage. Savoir s'entourer de personnes bienveillantes, savoir leur donner envie de nous aider, savoir les encourager à faire partie de nos projets… C'est une véritable force. Tout comme le fait d'oser leur demander de l'aide. Cela implique d'être capable de mettre son égo de côté pour se rendre compte qu'ensemble, on va toujours plus loin, et qu'on le fera avec beaucoup plus de plaisir. Et c'est aussi une belle occasion de partage que tu t'offres, autant qu'à ceux qui viendront t'aider et te soutenir dans tes projets. Mais pour en être sûr, il va falloir oser !

Enfin, je précise que bien s'entourer ne veut pas dire rejeter notre entourage. C'est un dernier point sur ce sujet que je souhaitais absolument voir avec toi. Je sais que mon avis peut être déconcertant, mais je tiens quand même à te le partager ici pour rester complètement authentique. On entend souvent qu'il est important de bien s'entourer, et notamment de personnes bienveillantes, boostantes, sympathiques, qui te tirent vers le haut... Et c'est vrai. Mais que fait-on des autres personnes ? Celles qui font partie de ta vie, mais qui ne sont pas là, à te dire que tu vas tout déchirer, et qui ne sont pas forcément très bienveillantes quand elles te donnent leur avis sur toi et tes actions ? Qu'est-ce qu'on fait des personnes qui ne sont pas boostées elles-mêmes et qui n'auront donc aucun effet stimulant pour toi ? Est-ce qu'il faut les virer de nos vies pour ne s'entourer que de positif ?

Moi, je ne crois pas. Même si bien sûr, ça dépendra des situations, mais j'ai plutôt tendance à penser qu'il faut simplement avoir conscience de leur rôle dans nos vies, pour ne pas attendre d'eux plus qu'ils ne peuvent ou ne veulent nous donner. Quand on veut du boost, on va le chercher auprès de quelqu'un qui nous booste bien sûr, mais quand on a envie de passer du temps avec les gens qu'on aime, ce n'est pas toujours pour qu'ils nous soient utiles de cette façon. Peut-être qu'être simplement avec eux peut nous suffire parfois? Y compris s'ils sont bourrés de défauts ? Je ne dis pas qu'on doit tout supporter, mais non, notre entourage n'est pas parfait, et je ne suis pas sûre qu'il ait besoin de l'être pour qu'on s'épanouisse avec lui. Nos familles, nos amis d'enfance, nos voisins… Toutes ces personnes font partie de nos vies et s'ils sont trop nocifs, bien sûr qu'on peut décider de ne plus les voir. Mais si on veut maintenir le lien avec eux, c'est aussi ok. Ça n'a rien à voir avec de la faiblesse. Les deux options sont possibles, à partir du moment où on est aligné avec notre décision. On peut se dire : « ils me font du mal, je veux m'en séparer » et agir en conséquences, comme on peut se dire « ils ne sont pas parfaits, mais je n'attends pas ça d'eux et je trouverai ce dont j'ai besoin auprès d'autres personnes » en les acceptant comme ils sont dans la limite de l'acceptable.

Accepter des gens imparfaits dans nos vies, quel bonheur, quel apaisement parfois. Ça réduit notre besoin à nous d'être parfait, et ça nous permet de vivre de vrais moments avec eux, emprunts de simplicité et de sérénité. Tu veux essayer ?

Les émotions sont un outil puissant à utiliser

« Sans émotions, il est impossible de transformer les ténèbres en lumière et l'apathie en mouvement »[41]
Carl Gustav Jung

Le dernier aspect que toutes ces femmes ont réalisé et que j'aimerais t'expliquer, c'est que nos émotions ne sont pas nos ennemies. Elles sont au contraire des outils puissants à utiliser dans nos vies. Et cela inclut bien sûr toutes les émotions dites « négatives » que tu ressens de temps en temps.

La peur, par exemple. Certains ont honte de la ressentir, alors que cette émotion est bien celle qui nous a permis de vivre pendant autant d'années en tant qu'être humain. Si on ne ressentait pas la peur, nous pourrions nous être fait avaler par un animal sauvage, par exemple. La peur est bien celle qui nous a aidé à comprendre que nous devions réagir à son approche. Soit par le combat, soit par la fuite. La peur nous avertit des dangers et nous prépare à y répondre. À nous de la comprendre pour savoir quelle réaction est la plus adaptée, selon nos envies à nous. La fuite n'est pas un échec si elle est conscientisée, et qu'on est ok avec ça. C'est même parfois clairement la meilleure option. Et pour la deuxième option, celle qui consiste à combattre notre peur, alors cela ne sera possible que si on a d'abord conscience de celle-ci. Pour cela, nous devons

---

[41] Citation attribuée à Carl Gustav Jung (1875-1961), médecin psychiatre.

accepter d'avoir peur, comprendre notre peur, et décider ensuite de ce que nous voulons en faire.

La tristesse, ensuite, nous permet de savoir que la situation ne nous convient pas. Elle nous permet de prendre le temps de vivre le moment, et de prendre conscience que cela ne nous plait pas. Elle nous permet de nous recentrer sur nous et sur nos difficultés. Apprendre à accepter d'être triste peut renforcer notre estime de nous. En effet, cela nous rappelle que nous sommes importants et que nous devons nous consacrer le temps dont nous avons besoin pour vivre ces moments pleinement et mieux accepter de rebondir ensuite. Le déni de cette émotion ne fait souvent que du mal, puisqu'elle revient encore plus fortement au pire moment, et se relever est alors bien plus difficile.

La colère, enfin, est l'une des émotions qu'on déteste souvent le plus, parce qu'elle demande énormément d'énergie et nous incite parfois à faire des choses que l'on regrette après. Mais on oublie souvent son intérêt, sa puissance dans nos quotidiens. C'est bien la colère qui a permis les plus gros changements dans notre monde actuel. Et on en a besoin pour continuer à faire bouger les choses vers un monde qui nous conviendra mieux. C'est la colère qui nous permet de limiter les injustices, par exemple. Parce que quand on la ressent, on sait que ce n'est plus acceptable. Que cette situation nous pèse et qu'on doit absolument trouver le moyen de faire changer les choses. Elle nous prend de l'énergie, mais si on l'oriente bien, on pourra alors trouver des solutions concrètes et avancer grâce à cette colère. On pourra résoudre des problèmes et nous diriger vers l'épanouissement. Sans colère, on devrait tout accepter et le monde, notre monde, n'évoluerait jamais… Je ne sais pas ce que tu en penses, mais moi, ça me poserait un problème ! Bien sûr, pour cela, il est nécessaire de prendre le temps de la comprendre, pour l'exprimer de façon constructive. Ce qui boostera indéniablement notre sentiment d'assertivité et de contrôle, et donc notre confiance en nous. La colère est donc finalement un levier de la confiance en soi.

Qu'il n'y ait aucun malentendu, je ne dit pas que nous devons tout le temps être sous l'emprise d'émotions dites « négatives ». En effet, je suis également convaincue que les émotions dites « positives » sont très utiles en plus d'être agréables.

La joie, par exemple, renforce notre bien-être mental et physique. Elle nous encourage aussi à créer des liens avec les autres et à poursuivre tout ce qui a tendance à générer cette émotion. La joie nous pousse à rester heureux, et à nous rapprocher du bonheur.

Le plaisir, quant à lui, provoque des sensations très agréables et gratifiantes. Il nous donnera envie de reproduire ce qui a généré cette émotion la première fois, et nous aidera donc à instaurer des routines qui nous procurent du bien-être. Cela renforcera notre estime de nous, et donc notre confiance en nous.

Tu sais maintenant quels ont été les points communs des personnes de cet ouvrage qui sont devenues confiantes, mais aussi ce qu'elles ont compris pour que leur cheminement se fasse.

Tu avais conscience de ton coté de tout cela ? Il y a peut-être des points qui t'ont marqués plus que d'autres ? Peut-être même que certains te dérangent, et qu'il serait intéressant que tu cherches à comprendre pourquoi, si tu veux qu'un changement en toi puisse opérer ? Je te laisse y penser un peu, et puis tu n'auras plus qu'à passer à l'action au prochain chapitre !

A toi de jouer

« L'action est la clé fondamentale de tout succès »[42]
Pablo Picasso

Tu as le choix de te dire que ce livre était très divertissant et inspirant, et de le ranger avec tes autres livres dans ta bibliothèque, voire de le recommander à d'autres, ou tu peux considérer que c'est peut-être pour toi l'élément déclencheur qui te donnera envie de travailler ta confiance en toi.

Si tu as choisi la deuxième option, alors je vais te guider pas à pas, dans ce chapitre.

En premier lieu, j'aimerais que tu réfléchisses à l'histoire qui t'a le plus impacté dans celles qui ont été présentées dans ce livre.

---

[42] Citation attribuée à Pablo Picasso (1881-1973), peintre, dessinateur, sculpteur et graveur espagnol ayant passé l'essentiel de sa vie en France.

Est-ce que c'est celle de Caroline, Aurélie, Émeline, Jasmine ou bien celle de Manon ? Est-ce en lien avec ce qu'elles ont vécu, ou ce qu'elles ont ressenti ? Essaie d'expliquer ici pourquoi tu t'es reconnu à travers son histoire ou ce qui t'a ému davantage ?

Tu peux bien sûr choisir une ou plusieurs histoires, ou même toutes si tu t'es retrouvé en chacune d'elles. L'important est de réfléchir à ce qui t'a impacté, ému, touché, ou juste parlé là-dedans. Et parce que je n'aime pas trop l'idée que tu remettes à plus tard quand il s'agit de travailler sur toi et ta confiance en toi, je te facilite la vie en proposant de faire l'exercice en direct.

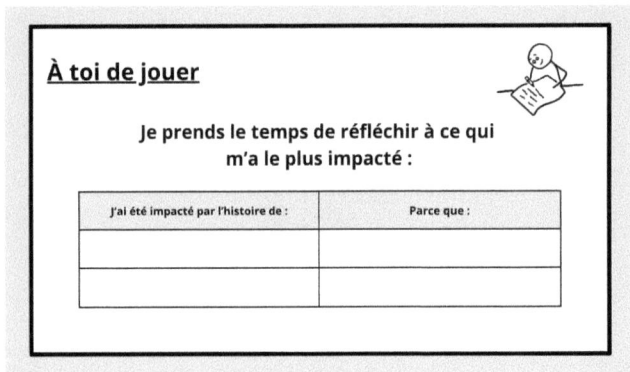

Maintenant que tu as identifié des points qui comptent pour toi, qui te pèsent et qui sont probablement améliorables, j'aimerais que tu prennes quelques minutes pour relire les exercices qu'elles ont appliqués, et de noter juste ici ceux que tu as envie de mettre en place. Pour faire les choses bien, je t'ajoute dans l'exercice suivant une notion de temps, parce qu'on le sait, sans dead line, on repousse sans arrêt nos résolutions, aussi bonnes et motivantes soient-elles.

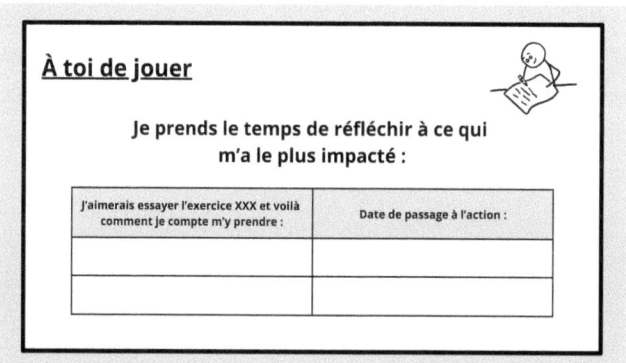

Et si on allait encore plus loin ?

Je te sens bien parti et je n'ai aucune envie de te laisser comme ça, alors j'ai décidé de te guider encore plus en te proposant d'autres conseils et astuces, pour compléter les premiers. Ceux-là, tu pourras les appliquer au fil de l'eau, en fonction des expériences et des challenges que tu vis au quotidien.

Bien sûr, c'est à toi de voir ce dont tu as le plus besoin et qui s'adapte le plus à ta situation du moment, mais dis toi bien que ceux que je vais te présenter, je ne les ai pas choisis au hasard. Je te suggère donc de sélectionner les exercices qui te paraissent biens pour toi, et de les faire à fond. Après, tu n'auras plus qu'à constater tranquillement les bienfaits sur ton quotidien !

Si tu t'entraines à mettre tout ça en pratique de ton côté, je suis convaincue que tu verras une différence nette dans ta vie et ta confiance en toi. D'autant que pour une transformation plus que complète, j'ai également choisi de mettre de la structure dans ce que je te propose. Faire des exercices, c'est génial. Les faire dans l'ordre, c'est encore mieux.

C'est en suivant cette structure que tu pourras installer des bases saines et solides dans ta confiance en toi et ancrer le changement de façon durable. En gros, tu auras pris de nouvelles habitudes, et tu seras prêt à gérer toute nouvelle situation qui se présentera à toi.

Pour ça, il va donc falloir travailler sur trois grandes étapes. La première sera de travailler sur toi pour mieux te connaitre, puis il sera pertinent d'enchainer avec l'image et l'estime que tu as de toi. C'est en parallèle de cette étape-là que tu pourras travailler sur ta confiance en toi. Enfin, il s'agira de travailler sur ta communication et sur l'ancrage de tout ça.

__Etape 1 : L'écoute et la connaissance de soi__

« L'important c'est d'être vrai, non de faire joli »[43]
André Comte-Sponville

Tu le sais, on en a déjà parlé : aucun système de confiance en soi ne peut être pertinent si tu ne te connais pas assez. Comment veux-tu atteindre des objectifs que tu n'aurais pas clarifiés d'abord ? Comment veux-tu poser des limites sans savoir où elles se trouvent ? Comment veux-tu prendre le temps d'apprécier un moment si tu ne sais pas ce que tu aimes ? Comment veux-tu te sentir fier de toi si tu n'as pas établi ce que tu attendais de toi ?
Je pense que tu as compris, la confiance en soi repose forcément sur cette étape-là.

Pour que ça fonctionne, je te propose de remplir quelques cases de ton côté, pour savoir où tu en es de ta connaissance de toi-même (rassure-toi, je t'explique à chaque fois comment faire ça) :

__Tu es prêt à remplir des cases ?__

---

[43] Citation attribuée à André Comte-Sponville, philosophe français.

À toi de jouer

Je prends le temps de faire le point sur qui je suis :

Qu'est-ce qui me rend heureux ?
Ici, tu es censé penser à chaque moment, personne, contexte, qui t'a rendu heureux ces derniers temps ou que tu espères vivre pour te sentir heureux.
Qu'est-ce qui m'apaise ?
Pour cette case, tu peux par exemple réfléchir aux derniers moments où tu t'es senti serein, apaisé, tranquille.
Qu'est-ce qui me rend triste ?
Ici, tu peux réfléchir à ce qui te concerne directement, ou même ce qui se passe autour de toi, dans ton entourage, voire dans le monde, pour savoir ce qui te rend triste.
Qu'est-ce qui me met en colère ?
Pour cette case, tu peux réfléchir aux moments où tu t'es retenu de t'énerver, ou même à tous ceux où tu as craqué et t'es vraiment énervé.
Qu'est-ce que j'aime faire ?
Ici, tu peux repenser à tout ce que tu fais dans ton quotidien, sans oublier les plus petites choses bien sûr.
Qu'est-ce que je n'aime pas ?
Pour cette case, l'idée est de penser à ce que tu n'aimes pas faire, voir, rencontrer, sentir, tout ce que tu n'aimes pas ou même que tu détestes.
Quelles sont mes valeurs ?
Ici, tu peux réfléchir à ce qui compte vraiment pour toi et que tu défendras coûte que coûte (exemples : le féminisme, la bienveillance, le sens de la famille...)
Quelles sont mes priorités ?
Ce que tu placeras toujours en premier, ce qui compte le plus pour toi.

À toi de jouer

Je prends le temps de faire le point sur qui je suis :

Quelles sont mes limites ?
On parle ici de ce que tu ne veux pas dépasser pour rester serein.

Quelles sont mes contraintes ?
Il s'agit de ce que tu ne peux pas faire évoluer, de ce dont tu dois tenir compte dans tes projets (horaires de dépôt de tes enfants, maladie ou soucis de santé qui te limitent dans tes mouvements ou tes horaires...)

Quelles sont mes qualités ?
Et ne mets pas ici que tes qualités qui concernent les autres (gentil, attentionné..) mais aussi celles qui te concernent toi (créatif, intelligent, ordonné...). Les deux comptent.

Qu'est ce que j'aime le moins chez moi ?
Essaie d'être précise ici, si c'est ton physique, précise quoi dans ton physique et pourquoi.

Quels sont mes piliers dans la vie ?
Il s'agit ici de lister tout ce sur quoi tu te reposes quand tu en as besoin. Des personnes, des outils, des livres, un sport... Qu'est-ce qui te permet de te recentrer quand tu perds pied ?

Quels sont mes besoins ?
De quoi tu as besoin pour être heureux, non stressé, épanoui... ?

Qu'est-ce que je me force parfois à faire et pourquoi ?
Si pour quelqu'un, tu te forces à faire un truc qui lui fait plaisir, ou dont il a besoin, il est alors nécessaire d'en prendre conscience pour voir si tu veux continuer à le faire ou s'il existe une alternative.

Quand est-ce que je n'arrive pas à dire non ?
Dans quels moments cela te parait plus difficile, voire impossible, de dire non? Et pourquoi ?

À toi de jouer

Je prends le temps de faire le point sur qui je suis:

Quels sont les gens que j'aime le plus et que je veux garder dans ma vie ?

Il s'agit de penser à ceux que tu veux placer en priorité par rapport aux autres, et de qui tu essaieras de prendre le plus soin possible ?

Qui sont ceux qui m'agacent, ou que je n'aime peut-être pas trop ?

Ce sont ceux que tu fréquentes mais dont tu n'apprécies pas la compagnie, voire qui t'insupportent. Et pourquoi ?

Quels sont mes rêves ?

Imagine ici qu'il n'y a aucune limite, de quoi rêverais tu pour toi ou ton environnement ?

Quels sont mes objectifs ?

Imagine ici ce qui te donne envie pour toi, à l'avenir. Et pourquoi ne pas commencer à penser à comment y arriver exactement, pour rendre ça concret ?

Quels sont mes peurs ?

Il s'agit ici de faire le point sur tout ce qui te limite dans tes actions, et de réfléchir au pourquoi
(peur d'être jugé, critiqué, peur de mal faire, d'échouer, de perdre de l'argent...).

Quelle serait la version idéale de moi, selon moi ?

On passe souvent beaucoup de temps à se critiquer, se trouvant imparfait. Mais si tu réfléchissais à la façon dont tu voudrais vraiment être ? Cela serait plus facile pour toi de t'en approcher tu ne crois pas ?

A toi de jouer

Tu es peut-être tenté de penser que cette partie est barbante et que tu la zapperais bien, parce qu'elle peut être difficile à travailler, là, comme ça. Tu as peut-être aussi plutôt envie de passer à l'action dès maintenant, sans attendre de mieux te connaître, pour obtenir des résultats plus rapidement. Si c'est ce que tu penses, saches que ce n'est pas un problème. Je suis une grande fan du passage à l'action, alors ce n'est pas moi qui vais t'en priver. En fait, ça va même probablement t'aider à les remplir, ces cases.

Du coup, si pour le moment tu ne sais pas comment répondre à l'une d'entre elles, pas de soucis, tu la laisses en blanc. Et les fameux moments où tu passeras à l'action, c'est là que tu te poseras un peu pour voir si tu as de quoi la remplir, cette case manquante. En gros, si tu n'as pas la réponse, va la chercher à travers le passage à l'action.

Tu ne sais pas ce que tu aimes ? Tente des choses, et vois. Ça t'a plu ? Cool. Sinon, tu peux continuer à chercher. Un ami te propose une activité ? Cool, accepte, ça t'aidera à en savoir plus sur ce que tu aimes, là aussi. Tu as envie de ne rien faire ? Cool, repose-toi et vois là aussi comment tu te sens après ça. Toute action vécue ou toute émotion ressentie te permettra d'en savoir plus.

Une autre astuce qui pourra t'aider à clarifier tout ça pour remplir ces cases, ce sera d'en parler avec les autres. Le fait de leur expliquer, de développer, de détailler ce que tu penses, te fera vite te rendre compte de si tu es aligné ou non avec tes réponses, ou si finalement ça ne te correspond pas assez. Tu verras rapidement si elles te conviennent ou si tu dois les faire évoluer un peu.

D'ailleurs, pour certaines cases qui te paraissent plus compliquées à remplir (pour tes qualités par exemple), tu peux tout à fait commencer par demander l'avis de ton entourage. Déjà, ça pourra te faire très plaisir d'entendre des mots gentils, mais ça t'apprendra aussi certainement beaucoup sur toi. Soit leurs mots te conforteront dans ce que tu penses déjà, ou viendront compléter ce que tu savais, soit au contraire, cela pourra te donner envie de trouver des arguments pour les contredire, ce qui t'aidera aussi à y voir clair sur ce qui compte pour toi de façon générale ainsi que sur ta vision des choses et de toi-même.

Je pense que tu l'as compris, il n'y a pas une seule bonne méthode pour remplir ces cases. Tu dois juste les remplir, et pour ça, tu as le temps. Un petit peu chaque jour ou même chaque semaine sera largement suffisant. J'ajouterais même qu'au fil du temps, tu peux tout à fait t'autoriser à changer tes réponses. Avec le temps, certaines d'entre elles se préciseront ou même évolueront. Certaines ne seront même probablement plus du tout d'actualité, ce qui est complètement ok. Selon moi, ça vaut le coup de se pencher là-dessus tous les six mois environ, pour savoir où tu en es, et si tes actions sont toujours alignées à qui tu es et non pas forcément à la personne que tu as été à un instant T. En gros, je te suggère de remplir des cases, tout en gardant en mémoire que tu es loin d'y être enfermé.

Dans ce travail sur une meilleure connaissance de soi, on peut être amené à prendre de nombreux raccourcis qui peuvent nous amener dans la mauvaise direction, alors je tenais à t'en parler pour que tu puisses les éviter.

<u>Fais quand même attention aux raccourcis</u>

Déjà, tu peux parfois être tenté de te définir par tes derniers loupés. Par exemple, tu viens de rater une danse, et hop, tu décides que tu es mauvais en danse. Tu as rendu un travail hors délais, tu en déduis que tu es trop lent. Tu as manqué un évènement de tes enfants, tu te dis que tu es un mauvais parent. Étrangement, c'est souvent pour les aspects négatifs qu'on fait ça, et pas du tout pour nos victoires. J'entends peu de monde me dire : « J'ai réussi cette danse, ça prouve que je suis un très bon danseur » ou encore : « Je suis allé aux récents évènements de mes enfants, je suis donc un très bon parent ». Alors fais-moi plaisir et ne tombe surtout pas là-dedans, même si c'est parfois tentant. Une action ne résume pas qui tu es. Tu devras t'assurer que tu n'es pas trop exigeant, que tu n'es pas en train de t'autoflageller pour un seul loupé avant d'en déduire quoi que ce soit.

Ce que je te conseille de faire, quand ça arrive, c'est de vérifier tes propos. Tu penses que tu es un mauvais parent parce que tu as manqué un évènement de tes enfants ? As-tu été aux précédents ? Que fais-tu au quotidien pour eux, qui pourraient te qualifier de bon parent ? Cherche un peu à te transformer en l'avocat adverse, pour regarder les choses sous un autre angle. Tu verras, ça fait du bien de se rappeler les faits de temps en temps.

Et si tu commençais maintenant ?

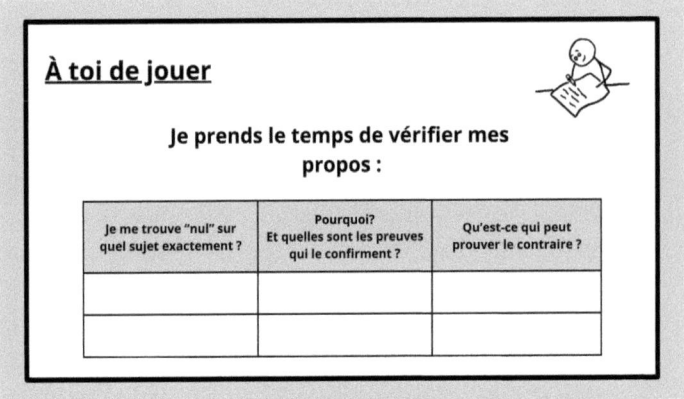

À l'inverse, je t'invite à arrêter de minimiser tes victoires. Par exemple, j'entends souvent des gens me dire qu'ils ont réussi parce qu'ils avaient la chance d'être bien entourés. Pourtant, un entourage, ça se construit non ? Donc si on regarde bien, si on considère que c'est vraiment grâce à leur entourage qu'ils ont réussi, alors c'est bien parce que qu'ils ont pris soin de se construire un bel entourage et d'entretenir leurs relations ensuite, qu'ils peuvent se sentir si soutenus aux moments importants et qu'ils peuvent réussir à atteindre leurs objectifs. J'entends d'autres personnes me dire que c'était plus facile pour eux d'acheter leur logement puisqu'ils avaient de l'apport (apport qu'ils se sont construits, en épargnant plus tôt), ou que c'est grâce à leur communauté et à leur nombre d'abonnés élevé qu'ils ont pu réussir en tant qu'entrepreneurs (là encore, une communauté se fait rarement en un jour, ça se construit, et ça n'est pas facile). J'entends aussi des personnes me dire qu'ils ont eu leur diplôme parce qu'il était facile à obtenir, en oubliant que s'ils ont trouvé ça facile, c'est peut-être parce qu'ils sont déjà plutôt bons et ont travaillé dans le passé pour le devenir ? Je pourrais te donner un millier d'exemples de ce type, le fait est qu'on est très fort pour trouver des excuses à nos réussites au lieu de constater que ce qui nous y a mené, c'est nous-même. Alors là aussi, je t'invite à regarder ton parcours pour y arriver beaucoup plus objectivement. Quand tu réussis, demande-toi comment tu as réussi, qu'est-ce qui t'a mené jusque-là dans ton travail, tes efforts, ton histoire… Tu verras, c'est très chouette de pouvoir conscientiser que nos efforts paient, un jour ou l'autre.

Tu veux essayer ?

À toi de jouer

Je prends le temps de constater mes réussites :

Qu'est-ce que j'ai fait de super ces derniers temps ?	Pourquoi je trouve que c'était super ?	Quelles sont les émotions ressenties à ce moment là ou que je ressens maintenant ?

Enfin, il y a un autre raccourci que j'aimerais te suggérer d'éviter. Comme tu le sais, je t'ai conseillé plus tôt de demander aux autres leur opinion sur toi. Mais attention, tu dois bien sûr garder en tête que ce qu'ils te diront n'est que leur opinion. Rien de plus. Leur opinion est basée sur leurs valeurs à eux, leurs besoins, leurs attentes, et même leurs histoires. Alors non, ils ne détiennent pas la vérité. Il y a une phrase que j'adore : « L'avis des autres n'est que la vie des autres »[44]. Je la trouve très juste, et j'aimerais beaucoup que tu la gardes en mémoire chaque fois que tu reçois un avis. L'avis des autres est très intéressant, mais il ne peut te servir qu'à construire ton propre avis. Le tien. Tu peux t'inspirer de celui des autres pour compléter ta pensée, ou être en désaccord total, voire même être complètement aligné, mais tout ça ne doit dépendre que de toi finalement.

---

[44] Citation attribuée à Paulo Amaro.

À toi de jouer

Je prends le temps d'analyser l'avis de l'autre :

Qu'est-ce qui a été dit sur moi ?	Qu'est-ce que ça m'a fait d'entendre ça ?	Qu'est-ce que je pense de moi à ce sujet ?	Qu'est-ce que je veux retenir de son avis ?

Éviter ces quelques pièges devrait te permettre de mieux te connaître, de façon bien plus objective, et de construire ainsi une base plus que solide à ta confiance en toi à venir.

Etape 2 : L'estime et la confiance en soi, avec ancrage

« Quand vous croyez en vous quand personne d'autre ne le fait, vous avez déjà gagné »[45]
Venus Williams

L'étape suivante, maintenant que tu te connais un peu mieux, ça va être d'apprendre à t'accepter, et même à t'aimer. Dans ton ensemble. Je parle autant de ta personnalité que de ton physique ici.
Attention, je ne dis pas que tu dois être parfait, et que tes imperfections doivent toutes être travaillées pour que tu deviennes quelqu'un de merveilleux. Je ne dis d'ailleurs pas non plus l'inverse, c'est-à-dire que tu dois absolument accepter d'être quelqu'un de détestable parce qu'après tout, tu t'aimes comme ça.

Ce que je dis, c'est que tu dois être la personne qui te correspond le plus. En gros, transforme tes défauts en atouts et fais évoluer ce qui te dérange si c'est vraiment nécessaire. Mais si je peux te donner un conseil ici, ce serait de faire preuve d'un peu de bienveillance avec toi-même, pour ne pas être trop exigeant et prendre ainsi le risque de descendre de nouveau dans l'estime que tu te portes.

---

[45] Citation attribuée à Venus William, joueuse de tennis américaine. Elle a exprimé cette idée au fil des années et est connue pour son message d'autonomisation et de croyance en soi.

L'idée que j'aimerais beaucoup que tu retiennes, c'est que tu es déjà une personne incroyable aujourd'hui. Et tu n'as pas spécialement besoin de changer pour t'aimer et être aimé. Tu dois peut-être simplement apprendre à te voir vraiment. Pas juste en retenant tous tes défauts, tes doutes, tes questionnements ou tes erreurs, mais en prenant tout l'ensemble. Comme tu le ferais pour quelqu'un que tu aimes.

En gros, il faut que tu sois dans ta propre équipe. Il faut que tu te soutiennes, te motives, tu t'applaudisses quand tu assures et te rassures quand ça marche moins bien que prévu. Tu dois être là pour toi. Pour te voir et t'accepter tel que tu es.

Une fois que cette étape sera acquise, alors tu pourras aussi commencer à faire changer, évoluer, ou même transformer les petits détails qui te dérangent. Mais crois-moi, si tu n'apprends pas à t'aimer à la base, changer ces quelques détails qui te dérangent ne changera pas la vision que tu as de toi. Le travail se fait dans la tête autant qu'à l'extérieur pour que tu puisses le percevoir. Pour exemple, tu peux penser à toutes ces personnes en surpoids qui font un régime incroyable et qui, malgré tous les kilos perdus, continuent à se voir « trop gros ». Ou encore à ceux qui ont eu une scolarité difficile dans le passé et qui ont beau avoir une carrière impressionnante, ils se voient toujours comme des ratés qui ont quelque chose à prouver. Tous ces exemples te montrent qu'opérer un changement concret sans prendre le temps de travailler ce qu'il se passe dans notre tête, et la façon dont on se voit, ça risque de ne pas suffire. L'un ne va pas sans l'autre finalement. Tout simplement.

C'est donc une fois que tu auras appris à te voir vraiment et à t'aimer tel que tu es, que tu pourras initier du changement et apprécier tes passages réguliers à l'action. C'est là que tu pourras enfin devenir confiant. Tes actions commenceront vraiment à porter leurs fruits. Tu verras les résultats de ton travail et ton estime de toi continuera alors à grimper, avec ta confiance en toi. Et pour le coup, ce sera solide. Très solide.

Pour améliorer ton estime de toi, je peux te proposer plusieurs idées.

Et si tu commençais par aimer ton physique ?

La première idée que j'aimerais te suggérer concerne ton physique. Au lieu d'éviter tous les miroirs de ta maison, mon conseil serait que tu passes au contraire du temps à te regarder pleinement. Tu te plantes devant un miroir et tu te poses une série de questions : Comment es-tu exactement ? Tu te trouves trop gros ? Ok mais où exactement ? Qu'est ce que tu trouves trop gros précisément ? Est-ce vraiment très gros ou juste un peu trop selon tes exigences ? Pourquoi pas prendre des mesures pour t'aider à te connaitre encore mieux ? Regarde toi bien, prends le temps de bien tout retenir, et même de te masser, de toucher ton corps, en incluant les parties qui te plaisent le moins bien sûr. Ça te paraît peut-être inenvisageable aujourd'hui, et c'est normal, c'est un exercice difficile. Mais c'est un exercice qui te permettra de te connaitre mieux, de prendre réellement conscience de ton corps, et d'apprendre à mieux l'aimer, un peu plus chaque jour. Tu peux commencer par étape, mais l'idée reste que tu te regardes vraiment, et que tu n'aies pas peur de ton physique, que tu apprennes à l'aimer pour gagner en confiance et que les autres aussi puissent le trouver beau.

Bien sûr, si tu prends le temps de pointer les défauts que tu te trouves, il serait bien que tu prennes le temps de pointer aussi ce qui te plait dans ton physique. Si si, je suis sûre qu'il y en a, à toi de prendre le temps de les repérer. Tu verras, ça peut être très agréable de se rappeler qu'on n'est pas qu'une liste de défauts, mais bien une personne avec un corps peut-être imparfait, mais plutôt charmant finalement.

Et si on prenait le temps de faire le point justement ? Pose-toi tranquillement devant un miroir, et remplis ce petit tableau :

À toi de jouer

Je prends le temps de me regarder vraiment :

Qu'est-ce que j'aime dans mon physique et pourquoi ?	Qu'est-ce que j'aime moins et pourquoi ?	Qu'est-ce que je veux changer et comment je compte m'y prendre ?

Tu veux que ce changement puisse durer ?

Bien sûr, pour que tout ce qu'on a vu jusqu'ici puisse fonctionner, et que les changements soient durables, il faudra continuellement ancrer tout ça. La base est assurée avec une meilleure estime de toi, mais l'idée maintenant c'est que tu puisses puiser dans cette nouvelle confiance, à chaque épreuve. L'idée, c'est que tu trouves des stratégies pour ne pas de nouveau te rabaisser au premier échec venu, et que tu aies suffisamment d'outils pour pouvoir t'appuyer sur ta confiance en toi, quel que soit le contexte. L'ancrage est indispensable pour que ça marche à l'avenir aussi.

Le journaling est parfait pour ça, surtout si tu passes bien du temps à te relire pour te replonger dans toutes ces émotions positives, en prenant vraiment le temps d'y repenser pleinement. Mais peut-être que tu veux que je te redise quelques mots sur ce en quoi ça consiste ?

A toi de jouer

C'est une étape qu'on a déjà un peu développée ensemble dans l'histoire d'Aurélie, alors je vais faire bref mais cet exercice peut tellement changer de choses pour toi, que ça vaut le coup de se replonger dedans une dernière fois. L'idée principale du journaling, c'est de noter un maximum de choses.

Par exemple, tu peux commencer par noter, et ce sera probablement l'une des choses les plus efficaces, tout ce qui te rend fier. Tout ce qui te satisfait. Tout ce qui fait que tu es content de toi. Que ce soit gros ou petit, tout compte. Tu peux même y mettre de la couleur, des dessins, tout ce que tu veux qui te permette de te donner régulièrement envie de relire tout ça.

Ensuite, j'aime beaucoup l'idée de noter tes intentions avant une journée ou un évènement important. Avant de débuter ta journée, tu peux donc en quelque sorte essayer d'en influencer le contenu en réfléchissant à ce que tu veux vivre ou ressentir dans ta journée. Tu veux une journée productive ? Super, alors je te laisse le noter pour en prendre conscience et influencer tes actions vers de la productivité. Tu veux ressentir de la joie ? Là aussi, ça mérite que tu influences un peu tes actions pour te permettre de la ressentir aujourd'hui. Noter ses intentions, puis faire le point dans la journée ou le soir pour voir si c'est atteint est une très bonne méthode pour reprendre les rênes de notre vie finalement.

Enfin, tu pourras aussi y noter toutes tes gratitudes. Là, il s'agit plus ou moins des coups de chance que tu aurais eus. Il a fait beau le jour où tu avais prévu un barbecue dans ton jardin ? Le train est arrivé à l'heure ? Ta robe ne s'est déchirée qu'à la fin de la soirée ? Tous ces moments qu'on ne prend jamais le temps d'apprécier, trop pris par le temps et parfois obnubilés par nos problèmes. Prendre le temps d'en prendre conscience pourra t'aider à les percevoir plus souvent et à les apprécier vraiment.

Le fait de prendre des notes sur ce que tu vis, ressens, sur les bonnes choses qui t'arrivent, tout ceci te permettra de changer petit à petit ta vision des choses. Cela te permettra de faire entrer du positif dans ta vie, et d'y prendre suffisamment goût pour vouloir déclencher encore plus de moments comme ça. Tu n'auras alors pas d'autre choix que d'avancer vers plus de choses qui te conviennent, t'alignant de plus en plus à la vie que tu rêves de mener. Tu auras un vrai sentiment de contrôle positif sur ta vie, et auras donc enfin l'impression de choisir ce qui t'arrive au lieu de le subir. De même, pour ce que tu contrôles moins, tu ressentiras davantage de sérénité, ce qui peut là aussi te faire beaucoup de bien.

Attention, je te conseille ici de noter tout ce que tu traverses, toutes tes émotions, mais aussi tes actions et réactions, pour pouvoir prendre du recul dessus.

Cependant, pour que ça fonctionne, tu devras éviter la tentation de ne le faire que durant les périodes où ça ne va pas. Il est important de le faire effectivement quand ça ne va pas, mais aussi quand ça va. L'idée est de noter autant le positif que le négatif, pour être capable de faire ce fameux pas de côté qui nous permettra de prendre du recul sur notre situation.

Petit bonus non négligeable que j'aime beaucoup avec cet exercice, c'est qu'en relisant nos notes, on verra aussi que notre semaine, qui nous paraissait bien pourrie, ne l'était finalement pas tant que ça. Ou que même quand on se sent un peu nul temporairement, on accompli quand même pas mal de choses au quotidien. Donc non, tu ne noteras pas que ce qui ne va pas et tu penseras aussi à y mettre un maximum de trucs très simples ou positifs, pour rester honnête avec toi-même.

Voici quelques exemples de points à noter au début de ta journée:

> **À toi de jouer**
>
> **Je prends le temps de poser mes intentions en début de journée :**
>
> | | |
> |---|---|
> | Qu'est-ce que j'aimerais ressentir à la fin de ma journée ? | |
> | Quel est mon objectif principal du jour ? | |

D'autres exemples que tu peux te noter en fin de journée :

> **À toi de jouer**
>
> **Je prends le temps de faire le point en fin de journée :**
>
> | | |
> |---|---|
> | Quelle émotion je ressens (globalement ou en détail) ? | |
> | Qu'est-ce que j'ai trouvé difficile et quelle conclusion j'en tire pour l'avenir ? | |
> | Que s'est-il passé de super aujourd'hui ? | |
> | De quoi est-ce que je peux être fier exactement ? | |

Cependant, pour que ça puisse fonctionner le plus simplement possible et de façon intuitive, tu devras faire attention à ta régularité. Ecrire qu'un jour par semaine ou quand tu le sens ne pourra pas suffire. C'est comme réaliser tes exercices de respiration que quand ça ne va pas… Ça ne pourra véritablement marcher que si tu fais preuve de discipline, nous l'avons déjà vu. Cela implique de poursuivre les jours où tu es moins motivé, même si c'est un peu plus difficile. C'est en ancrant ces habitudes que tu les feras tout naturellement dans l'avenir, mais tu ne dois rien lâcher au début pour que tu ne te rendes ensuite plus du tout compte que tu les pratiques, tellement ce sera devenu intuitif et naturel.

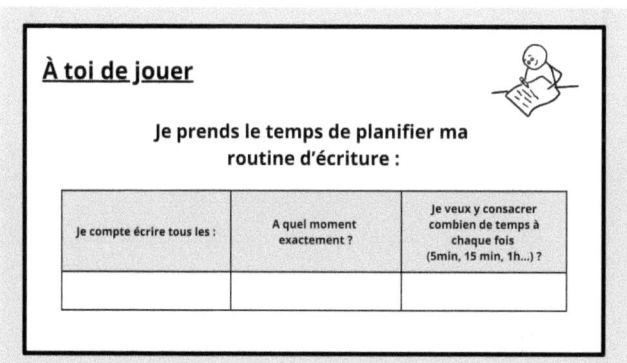

Une autre chose qui pourrait bien fonctionner chez toi pour ancrer ces changements, ce serait d'intégrer un mouvement à un sentiment qui te plait. Tu as besoin de davantage de sérénité dans ta vie ? Chaque fois que tu la ressentiras, pourquoi ne pas te pincer le doigt (légèrement bien sûr, l'idée n'est pas de te faire mal) ? De cette façon, tu pourras associer ce mouvement à la sérénité, et la retrouver plus facilement quand tu en ressentiras le besoin en te pinçant le doigt de nouveau pour faire revenir cette émotion. Tu peux faire un autre mouvement (appuyer sur ton poignet, croiser les doigts, ce que tu veux.) chaque fois que tu te sentiras fier de toi aussi, pour te rappeler plus facilement de ce sentiment quand tu douteras de toi par exemple. Tu as commencé à y penser ? A ton avis, quel mouvement ou point d'ancrage peux-tu choisir d'appliquer la prochaine fois que tu vas ressentir une émotion positive ?

À toi de jouer

Je prends le temps d'ancrer mes émotions positives :

Sentiment ressenti (simplicité, fierté, bonheur, sérénité…) :	Mouvement choisi :

Je vais te parler de l'astuce la plus fiable : le passage à l'action !

Enfin, il y a bien une chose qui fonctionnera mieux que tout coté confiance en soi, et ça va être le passage à l'action. Ne plus se poser un milliard de questions remplies de « et si », en vérifiant directement ce qui se passe grâce au passage à l'action, je dirais qu'il n'y a rien de mieux pour se sentir bien et serein. Tu te demandes si tu peux réussir ce projet ? Essaye, et tu le sauras ! Si tu réussis, tu ressentiras une fierté incroyable et tellement boostante. Et si tu rates, tu pourras en tirer des conclusions sur ce qui aurait peut-être mieux fonctionné, ce qui est aussi satisfaisant finalement, puisque maintenant, tu sais comment faire. Avec le passage à l'action, on n'accumule aucune question puisqu'on y répond, ni aucun regret puisqu'on y va. Quel sentiment de satisfaction ! Je t'invite vraiment à essayer.

Tu te demandes si ce bouquet de fleurs lui fera plaisir ? Offre-lui et tu verras. Si oui trop bien, sinon tu la connais mieux maintenant pour mieux viser la prochaine fois. Et franchement, c'est toujours mieux que de t'entendre dire un jour que tu as manqué d'attentions alors que tu réfléchissais justement à la meilleure façon de lui en donner.

Tu as une idée à proposer au travail ? Propose-la. Si elle est retenue, génial ! Sinon, tu peux maintenant plus facilement passer à la réflexion d'une autre idée. Et franchement, là aussi ce sera toujours mieux que de t'entendre dire que tu ne prends pas assez d'initiatives et ne propose jamais rien, alors que tu avais pourtant plein d'idées que tu n'osais pas partager.

Tu es prêt ?

À toi de jouer

Je prends le temps de faire le point sur mes envies :

J'ai une idée/ une envie un peu folle :	Pourquoi j'ai eu cette idée, ou pourquoi j'ai cette envie ?	Je choisis de passer quand à l'action, et comment ?

Tu peux aussi passer de la comparaison à l'inspiration

Bien sûr, il te faudra aussi éviter certains pièges pour maintenir ton niveau de confiance en toi et ne pas rechuter vers de la remise en question démesurée.

Le premier piège que j'aimerais te conseiller d'éviter, ça va être celui de la comparaison. Je parle ici de deux types de comparaisons.

Le premier est celui qui consiste à te comparer au toi d'avant, comme on l'a vu à travers l'histoire de Jasmine, puisque tu as forcément changé. Tu n'es plus la même personne, donc essayer de revivre ou ressentir la même chose que dans le passé est un objectif assez vain.

À toi de jouer

Je prends le temps de vérifier la pertinence de ce que je compare :

Qu'est-ce que je compare au moi d'avant ?	Pourquoi ça n'a aucun sens ?	Qu'est ce que je veux viser à la place, qui ait du sens pour moi maintenant ?

Le second type de comparaison est celui qui consiste à se comparer aux autres. Se comparer à cette maman toujours parfaitement bien habillée le matin à l'école des enfants, ou cet entrepreneur qui fait un chiffre d'affaires tellement plus élevé que le tien, ou encore à ce collègue ou même ta sœur qui a une assurance incroyable… Tout ceci aussi n'a aucun sens.

Ça n'a aucun sens pour plusieurs raisons. Déjà parce que tu ne sais pas tout. Si ça se trouve, ils ont l'air d'être sûrs d'eux, mais ne le sont pas du tout. Ou alors ils le sont vraiment sur ce sujet que tu admires, mais pas sur celui dans lequel toi, tu es à l'aise… Ensuite, ça n'a aucun sens parce que leur vie, la plupart du temps, tu n'en veux pas. Non mais vraiment, tu n'en veux pas. Mais pour t'en rendre compte, il faut que tu arrêtes de bloquer sur la partie que tu envies, et que tu regardes l'ensemble.

Reparlons de cette maman « parfaite », bien habillée tous les matins parce qu'on sent bien qu'elle a une vie professionnelle bien remplie. Est-ce que tu la vois aussi à 16:30 quand toi tu vas chercher tes enfants ? Il y a de fortes chances qu'elle ne soit pas disponible. Est-ce que ça te conviendrait aussi de ne pas pouvoir passer ces heures précieuses avec tes enfants ? Elle, ça lui convient très probablement (je l'espère), mais est-ce que ça correspond à ce que tu voudrais toi ? Pareil, elle doit vite partir le matin, donc ne peut pas prendre le temps de discuter avec les autres mamans ou avec la maitresse et elle n'a jamais aucune information sur ce qui se passe à l'école. Pour toi, ces détails sont peut-être importants, non ? Elle s'énerve aussi assez vite quand son petit dernier lui tache son tailleur. Est-ce que tu trouves aussi que c'est si important ? Alors non, tu n'es pas cette personne. Ton train de vie, tes préoccupations, tes valeurs et tes centres d'intérêts sont différents. Alors ne culpabilise pas de venir déposer tes enfants en jogging, il y a plein d'autres aspects qu'elle t'envie sûrement, tu sais ?

Si on prend cet autre exemple, celui de l'entrepreneur qui a un super chiffre d'affaires, tu savais qu'il bossait le soir et les week-ends toi ? Tu savais aussi qu'il avait un salarié pour l'aider dans de nombreuses tâches, et qu'il y avait une grosse partie administrative à gérer pour ça aussi ? Tu savais qu'il avait mis de côté ses sorties entre amis, sa famille, et tous ses autres centres d'intérêts pour se concentrer sur son entreprise ? Est-ce que c'est vraiment ce que tu veux pour ton entreprise toi ?

Alors avant d'envier le petit bout qui te manque, essaie maintenant de regarder tout l'ensemble, pour vérifier si le mode de vie de la personne que tu envies te parle vraiment. Et si tu me réponds que oui, alors là, je suis ok pour que tu te compares. Pas pour les jalouser de loin et déprimer de ton côté non, mais plutôt pour t'en inspirer. Là, pour moi, c'est ok que tu regardes comment ils font, que tu leur poses même la question directement (ça leur fera plaisir, et ça te donnera plein d'informations) et que tu fasses évoluer ton quotidien vers cette vie qui semble mieux te convenir.

Tu l'as compris, la comparaison, tu évites, sauf si c'est bien fait et que tu rends ça constructif pour que ça t'aide à atteindre tes objectifs.

À toi de jouer

Je prends le temps de vérifier la pertinence de ce que je compare :

Qu'est ce que je compare entre moi et l'autre personne ?	Qu'est ce que je sais d'elle ?	Est-ce que je veux tout de même m'inspirer d'elle, et si oui, sur quel aspect ?	Qu'est-ce que je vais mettre en place pour ça ? Et quand ?

Et si tu mettais ton côté perfectionniste de côté ?

Je voulais aussi te parler d'un autre point que tu connais peut-être. Il s'agit de la tendance au perfectionnisme. Tu connais ce sentiment ? Cette envie de faire un truc tellement parfait, qu'on ne se lance jamais ? Ou qu'on ne le considère jamais terminé ? Le perfectionnisme est un sentiment qui nous fait terriblement stagner. Ce qui va indéniablement nuire à notre estime de nous et donc à notre confiance en nous.

Pour éviter ça, on peut appliquer une autre phrase que j'aime beaucoup et qu'on utilise beaucoup en coaching, qui dit qu'« il vaut mieux fait que parfait ». Selon cette phrase, tu pourras alors te lancer même si ton plan n'est pas cadré au millimètre près, et tu pourras considérer un travail terminé même si tu sens que dans l'avenir, tu pourras encore y ajouter des choses. Grâce à cette phrase, tu avanceras.

Tu passeras l'aspirateur dans ta maison même si tu n'as pas le temps de passer la serpillère ensuite, ce qui te donnera ce sentiment de vivre dans une maison rangée et soignée, même si imparfaite.

Tu enverras un document à ton chef, même si tu sais que d'autres éléments vont peut-être arriver par la suite, ce qui te donnera le sentiment d'avoir fini cette tâche, même si pas définitivement.

Tu appelleras ton amie entre deux choses à faire, même si tu n'a pas une heure devant toi, ce qui te donnera le sentiment de prendre soin de ton entourage même quand tu n'as pas beaucoup de temps.

Tu feras les choses. Et tu te sentiras satisfait d'être allé au bout de ce que tu pouvais faire, dans le contexte qui t'étais donné.

À toi de jouer

Je prends le temps de ne plus en perdre :

Ce que j'aimerais faire :	Ce qui me fait dire que ça ne sera pas assez bien :	Même imparfait, ça peut être bien parce que :

Si tu prends le temps de mettre tous ces conseils en pratique, tu te sentiras déjà bien plus confiant et tu auras de plus en plus envie de te dépasser… Mais cette fois, tu le feras vraiment. Chaque jour un peu plus.

Etape 3 : La communication

« L'angoisse suppose le désir de communiquer »[46]
Georges Bataille

Enfin, la dernière étape que je souhaitais aborder avec toi, pour pérenniser ta confiance en toi, ça va être la communication. Quel intérêt de t'aimer, de croire en toi et de mettre plein d'actions en place, si tu perds toute cette confiance dès que quelqu'un vient essayer (consciemment ou non) de te faire douter. Tu dois donc améliorer tes méthodes de communication, pour pouvoir t'affirmer, pour pouvoir oser être toi, pour pouvoir oser briller, autant quand tu es seul que quand il y a du monde.

Tout est dans ta posture

Travailler ta communication, c'est aussi faire en sorte que ton assurance se ressente autant dans ta posture que dans tes mots. Tu dois savoir de quoi tu parles, et le montrer. Pour que l'autre n'ait plus aucun doute sur ce que tu ressens. S'il te sent sûr de toi, il viendra rarement te déstabiliser, il te suivra. Il sera même à fond derrière toi ! S'il te sent hésitant, il se faufilera dans la minuscule faille qu'il trouvera pour chercher plus d'informations. Et c'est là que ta confiance en toi risque de s'écrouler.

Attention, cela ne veut pas dire montrer une fausse facette de toi, forte et sans aucune faiblesse, loin de là. D'ailleurs,

---

[46] Citation de George Bataille, écrivain français, dans *L'expérience intérieure*, paru en 1978.

les personnes qui ont tendance à cacher leurs faiblesses sont rarement appréciées, on les trouve même bien souvent un peu barbantes ou méprisantes, voire fausses, ça dépend. Non, tu as le droit d'avoir des faiblesses, d'avoir des doutes, et tu pourras en parler.

Je te conseille même de le faire, et de dire quand tu souhaites obtenir les conseils de l'autre, son avis, ou tout simplement son soutien. Par contre, n'hésite pas à lui dire ce que tu attends de lui, parce qu'il ne sait pas toujours comment réagir. Il ne saura pas forcément ce que tu espères obtenir comme attitude de sa part, si tu ne lui dis pas.

Par contre, les fois où tu seras sûr de toi, où tu annonceras une décision, un refus d'aider, un désir de changement de voie… Là, il sera important que tu montres que ta décision est prise pour obtenir le soutien de l'autre.

Concrètement, cela consistera à avoir l'air sûr de toi, les épaules droites, un visage éclairé (et non embêté pour qui il faut trouver une solution), et un choix judicieux de tes mots.

Voici quelques exemples de tournures de phrases qui pourront t'aider quand tu ne souhaites pas obtenir l'avis de l'autre :

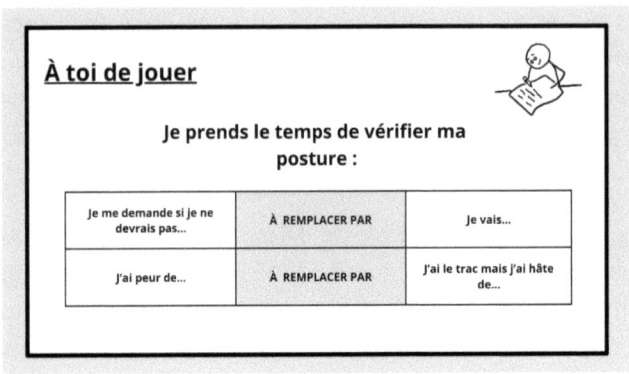

Et en voici d'autres pour quand tu veux son avis :

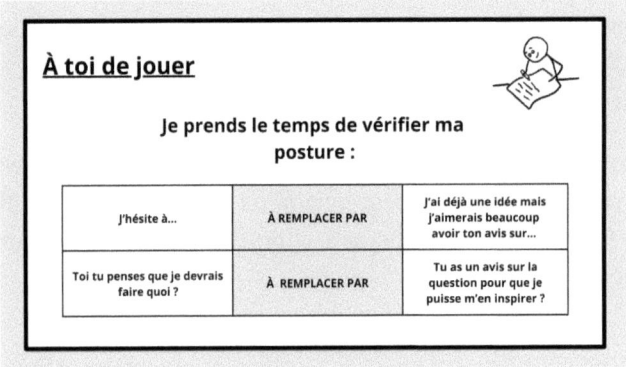

L'intelligence émotionnelle, tu connais ?

Ensuite, toujours dans le cadre de ta communication, il sera probablement nécessaire de faire preuve de beaucoup d'intelligence émotionnelle[47]. L'idée sera de comprendre tes propres envies ou tes émotions, de manière à les transmettre de la bonne façon auprès de chaque interlocuteur selon ce que tu percevras de ses attentes et de ses émotions à lui aussi. Ce n'est pas quelque chose de facile au début, jusqu'à ce qu'on apprenne à se connaître et à s'aligner à ce qu'on est. Après, ça vient beaucoup plus naturellement, et je dirais même que ça devient assez intuitif.

Cette démarche va te demander de te respecter autant que tu respectes les autres finalement. En gros, oui, tu devras t'affirmer, dire ce que tu veux, ce que tu ne veux pas… Mais si tu ne veux pas nuire à tes relations, et donc par répercussion à ta propre estime de toi, tu devras faire attention à la manière de le dire, pour rester bienveillant avec les autres aussi.

Par exemple, dire stop se fait rarement en une seule fois. Il y a généralement une période pendant laquelle on commence à prévenir notre entourage qu'il y aura du changement. Puis on peut aussi le préparer, en acceptant une dernière fois de l'aider et lui laisser du temps pour trouver un plan B ou pour lui montrer comment faire seul la prochaine fois. On va ensuite bien sûr annoncer les choses avec diplomatie, pourquoi pas en utilisant la

---

Intelligence émotionnelle (IE) : Cela se définit par la capacité pour un individu à percevoir, comprendre, maîtriser et exprimer une émotion qui lui est propre et à distinguer et décoder une émotion chez l'autre.

Communication Non Violente, concept que nous avons déjà abordé avec l'histoire d'Aurélie. Cette méthode permet pleinement de s'affirmer, sans heurter la personne à qui on s'adresse. Ça permet de lui dire qu'on a des limites, tout en respectant aussi celles de l'autre.

Il existe de nombreuses méthodes pour dire à l'autre ce qu'on a à lui dire, mais le mieux reste de toujours se rappeler de ce qui compte pour nous, ainsi que pour lui, pour trouver les mots qui nous respecteront autant qu'ils le respecteront.

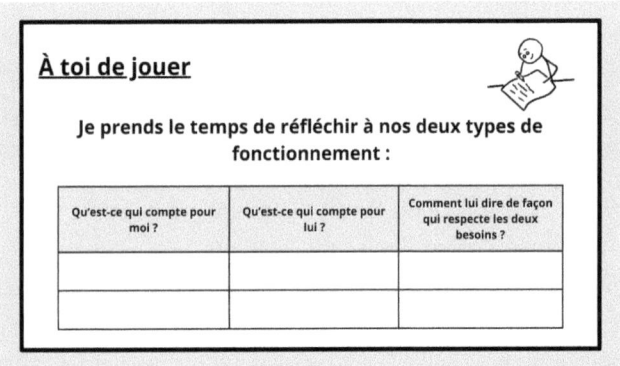

<u>Tu peux changer mais tu ne peux pas changer les autres</u>

Enfin, il y a un dernier détail que je trouve important d'aborder ici dans le cadre de tes relations avec les autres, et donc dans ta communication. J'aimerais beaucoup que tu gardes en mémoire que poser tes limites, dire à l'autre ce qui ne te convient pas, c'est très important.

Cependant, j'aimerais aussi te conseiller de ne pas attendre trop de lui non plus. Non, tu ne vas pas le changer s'il n'est pas prêt à changer. Et non, votre relation ne deviendra peut-être pas totalement équilibrée si elle ne l'était pas du tout à la base. Mais il y aura surement du mieux concernant ce qui compte vraiment. Ce que je cherche à te dire, c'est que tu ne peux agir à ce stade que sur toi, et sur ce que tu veux poser comme limite pour toi, vis-à-vis de l'autre. Le but n'est donc pas de changer l'autre, ou de le rendre parfait. Simplement qu'il soit meilleur vis-à-vis de toi. Simplement avec toi.

Ça peut donc valoir le coup d'apprécier les efforts qu'il fait pour toi, même s'il ne devient pas la personne que tu avais idéalisée :

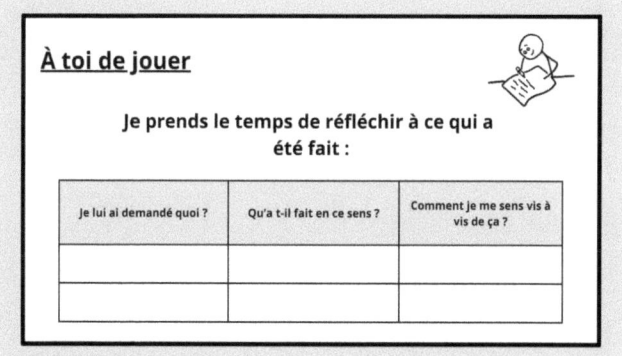

Il est grand temps de te féliciter !

« Ta vie ne s'améliorera pas par hasard, elle ira mieux par le changement »[48]
Jim Rohn

Si tu as bien fait tous les exercices décrits ici, ou même seulement une partie, tu as de quoi être fier de toi. Non mais vraiment, tu as pris en mains ta vie, et tu as décidé de la vivre différemment, comme tu le souhaites, et rien que pour ça, je tiens à te féliciter. Voilà une fierté que tu vas pouvoir ajouter à ta liste de tes fiertés quotidiennes.

En principe, tu as déjà dû remarquer un changement dans ton quotidien, dans tes actions, tes réactions, ton ressenti, ta relation aux autres, mais aussi et surtout, dans ta confiance en toi.

Maintenant, je ne peux que t'encourager à faire et refaire tous ces exercices régulièrement jusqu'à ne plus te rendre compte que tu les fais, pour maintenir cette confiance au top du top, et pour évoluer avec elle.

Belle confiance à toi ! ☺

---

[48] Citation attribuée à Jim Rohn, entrepreneur et coach américain.

Remerciements

« La reconnaissance est la mémoire du coeur »[49]
Madame de Sévigné

Ecrire ce livre a été un vrai moment d'émotion pour moi.

Je profite de ces dernières pages pour remercier tout particulièrement mes clientes, qui se sont confiées à moi, qui m'ont fait confiance pour les accompagner dans leur changement, et qui m'ont permis, à travers ce livre, de donner une possibilité à d'autres personnes de se projeter vers une vie qui leur conviendrait mieux.

Bien sûr, j'ai pris le soin de modifier leurs noms et quelques détails dans ce livre pour préserver leur identité, mais je n'ai aucun doute sur le fait qu'elles se reconnaitront, alors merci à vous Mesdames !

Je remercie également chaleureusement mon mari, Mathieu, pour son soutien sans faille pendant l'écriture de ce livre, mais aussi pour tous les petits bonhommes que tu as pu trouver tout au long de ta lecture et qu'il a dessiné spécialement pour toi.

---

[49] Citation de Madame de Sévigné, Femme de lettres française dans *Lettres*, paru en 1999.

Je tiens aussi beaucoup à remercier mes parents, Dominique et Christian. Tous deux m'ont permis, à travers leur éducation, l'amour inconditionnel qu'ils m'ont donné, leur soutien à chacun de mes projets, de croire que tout était possible à partir du moment où on se permettait d'y croire. Ils m'ont permis de croire en moi, et de te donner envie aujourd'hui de croire en toi pour réaliser tes rêves.

Evidemment, je ne peux pas ne pas citer ma première source de motivation, mes enfants, Simon et Liorah. Ce sont eux qui me donnent chaque jour encore plus envie de porter le message de la confiance en soi. Ils sont sans aucun doute déjà incroyables (en totale objectivité de maman archi fan), et je leur souhaite d'en avoir conscience chaque jour pour pouvoir continuer à s'épanouir. Ils m'ont donné envie de partager mes mots dans ce livre pour que chacun puisse se rappeler de tous ses atouts, et qu'il ose se diriger vers ses rêves, tout simplement.

Et je rajoute un petit mot spécial à tous ceux qui m'ont aidé à écrire ce livre par leurs relectures, leurs avis, leurs conseils, leur aide sur le design, mais aussi pour leurs coups de boost, leur soutien, leurs encouragements, leurs retours motivants... Céline, Laetitia, Jonathan, Julie…. Merci à vous pour tout.